智元微库
OPEN MIND

成 长 也 是 一 种 美 好

［日］**稻盛和夫** — 著　**曹岫云** — 译

在萧条中飞跃的大智慧

不 况 下 に 飛 躍 す る た め の 大 い な る 知 恵

人民邮电出版社

北京

图书在版编目（CIP）数据

在萧条中飞跃的大智慧／（日）稻盛和夫著；曹岫
云译． -- 北京：人民邮电出版社，2025． -- ISBN 978
-7-115-66279-8

Ⅰ．F279.313.3

中国国家版本馆 CIP 数据核字第 2024DV9223 号

◆　　著　　[日] 稻盛和夫
　　　　译　　曹岫云
责任编辑　王铎霖
责任印制　周昇亮

◆ 人民邮电出版社出版发行　　　北京市丰台区成寿寺路 11 号
邮编 100164　电子邮件 315@ptpress.com.cn
网址 https://www.ptpress.com.cn
天津千鹤文化传播有限公司印刷

◆ 开本：880×1230　1/32
印张：7.75　　　　　　　　　　2025 年 3 月第 1 版
字数：120 千字　　　　　　　　2025 年 3 月天津第 1 次印刷
著作权合同登记号　图字：01-2024-5294 号

定　价：49.80 元

读者服务热线：（010）67630125　印装质量热线：（010）81055316
反盗版热线：（010）81055315

再版推荐序

不况下に飞跃するための大いなる知恵

《在萧条中飞跃的大智慧》是我在 2009 年编译的一本书。当时世界性金融危机席卷全球。2019 年年末，新冠肺炎疫情暴发。有关出版社希望再次出版这本书，并要求我再写一篇推荐序。于是"战胜人类危机的大智慧"一文应运而生。

后来，因为版权转移等原因，再版书迟迟未能问世。现在尘埃落定，日方同意再次出版。

说来也巧，有人帮我找出了我自己也已经记不清的这篇文章。重读这篇文章，我有一种满足感。因此，我愿意将它保留。

但一个或将是一个更重要的事实，就是面对危机，我们怎么思考、怎么行动？

如果说，危机对企业而言属于"命运"的范畴，那么，行动就是"因果"。命运我们无法主宰，而因果百分之百掌握在我们自己手里。

稻盛说："命运和因果是两只看不见的手。"而因果之手往往强于命运之手。

读懂了《在萧条中飞跃的大智慧》这本书，并将其精神付诸实践，我相信，你也能认同稻盛的上述观点。

曹岫云

2024.7.17

战胜人类危机的大智慧

人类危机不断，人类危机出现的周期有缩短的迹象，战胜人类危机需要大智慧。如何应对经济危机和困难，稻盛先生具备丰富的经验和成熟的理论。

稻盛先生经历了 20 世纪 70 年代的石油危机，20 世纪 80 年代的日元升值危机，20 世纪 90 年代的泡沫经济危机，21 世纪初的信息技术泡沫（IT）危机，以及 2008 年开始的世界性的金融危机。

在 20 世纪 70 年代发生石油危机时，"京瓷"公司的订单一度降至以往的 1/10。但就在这次危机中，稻盛先生总结出了处理危机的 1 条预防策略和 5 条应对策略。就因为实践这 6 条策略，在石油危机过后，"京瓷"的股票价格一度超过了长期雄踞日本股市第一的索尼公司。就凭实践这 6 条策略，在稻盛先生直接领导期间，稻盛的企业在每次危机过后，规模都大一圈、两圈。"京瓷"公司创业 60 年来，从未出现过亏损。

1 条预防策略是，企业在平日里就要打造一个高收益的经营体质，并把收益的一部分储存起来，作为预防将来危机的准备。5 条应对策略是，全员营销，大力开发新产品，彻底削减成本，保持现场的生产效率，进一步搞好企业人际关系。

其实，比起战胜几次经济危机中的困难，稻盛在52岁时从零开始，创建第二电电并很快使其进入世界500强企业的壮举，稻盛在78岁时出手拯救破产的日航并一举成功的伟业，是更困难更了不起的事情，更值得大书特书。

稻盛先生说，企业经营是有"原理原则"的。原理原则超越行业，超越国界，超越时代，超越经济环境的变动。

换句话说，它与宏观经济的景气不景气无关。宏观经济的景气不景气总是交替出现的，是必然会发生的。所谓"无可奈何花落去，似曾相识燕归来"。但企业经营的原理原则不会随着企业外部环境的变化而变化，它是不动如山的。不管风吹浪打，兀自岿然不动。

所谓企业经营的原理原则，稻盛先生说，用一句话表达，就是判断一切事物的基准是："作为人，何谓正确。"稻盛说，这就是他的哲学的原点。

前面讲的处理危机的6条策略，乃至京瓷哲学78条，整个稻盛哲学包括阿米巴经营等，都是从这个原点演化而来的。

稻盛倾注大量心血，将从这一原点演化而来的哲学，不遗余力地渗透到员工心里，员工们理解和接受这种哲学，把它变为自己的东西，在此基础之上，大家团结一致，持续付出不亚于任何人的努力，发挥出自己的力量和智慧，群策群力，不断地改革创新。在取得成功以后，戒骄戒躁，谦虚谨慎，继续努力，再接再厉。在这种气势面前，经济危机也无法阻挡他们前进的步伐。

我第一次从稻盛口中听到"作为人，何谓正确"这句话，是在 2001 年 10 月 28 日，在天津举办的第一届中日经营哲学国际研讨会上。

把"作为人，何谓正确"当作判断一切事物的基准，这句话对我的震撼，可以用"石破天惊"四个字来形容。我虽然知道量物体的长度、称物体的重量等，是有基准的，但是，在遇见稻盛以前，我连做梦也没想到过判断事情也是有基准的。我没有也根本不可能想到，在这个世界上居然有这么简单明了的、拿来就可以用的哲学。对我的灵魂来说，这句话是惊心动魄的，正所谓"一语惊醒梦中人"。很多年来，"作为人，何谓正确"这句话一直在我头脑里盘旋，挥之不去。

"作为人，何谓正确"这句话，换种说法，就是判断的基准不是利害得失，而是是非善恶。说得更直白一点，就是只做作为人应该做的好事，不做作为人不应该做的坏事。把这句话执行彻底就行了。所谓执行彻底，就是事事、时时都依据事实，对照这个基准，进行判断，采取行动，不屈不挠，把作为人应该做的正确的事情以正确的方式贯彻到底。

再讲得具体一点，"作为人，何谓正确"，就是作为人，要正直不要骗人；要勤奋不要懒惰；要谦虚不要骄傲；要节制不要贪婪；要勇敢不要卑怯；要乐观不要悲观；要自利也利他，不要损人利己、损公肥私；不给人添乱、添麻烦，等等。这些都是连小孩也懂的简单甚至幼稚的道理，一点都不难理解，只要认真实践就行。

稻盛先生创建了"敬天爱人"的利他哲学，提出了判断一切事物的正确基准——"作为人，何谓正确"，并终生贯彻实行，他在取得丰功伟绩的同时，也指明了人类前进的方向。这就是战胜人类危机的大智慧。

我认为，个人实践"作为人，何谓正确"的判断基准，个人就会进步神速，如果大家都来实践这个判断基准，整个人类文明进程就会不断推进。而能够带领世人共同实践这个判断基准的人物，就是旷世伟人。

王阳明先生相信这样的伟人必将横空出世。他大声疾呼："必有恻然而悲，戚然而痛，愤然而起，沛然若决江河，而有所不可御者矣"。

然而，孟子曰："待文王而后兴者，凡民也。若夫豪杰之士，虽无文王犹兴"。只要具备大智慧，也就是掌握正确判断基准的豪杰之士层出不穷，人类社会就会走向更加美好的未来。

曹岫云

2020.6.16

中文版序

不況下に飛躍するための大いなる知恵

最近几年中我作的 6 次讲演构成了这本书，其内容是关于我的经营理念和具体的经营方法的，是对日本和中国有进取心的年轻企业家们讲的。

这本书并不全是针对当前的经济危机而言的，中国的一家出版社希望出版这本讲演集，并取名为《在萧条中飞跃的大智慧》。

为此我重读了原稿的全文。我想无论哪一篇，对当前尚未见底的经济危机都可以起到有益的作用，因为所谓经营要诀应该是普遍适用的。

从 1959 年至今的半个世纪中，我创建了"京瓷"和"KDDI"两个企业集团，并使这两者都获得了长足的发展。两个企业集团的合计销售额达到了 46 000 亿日元，利润达到了 5000 亿日元。

然而，我们走过的道路并不平坦。这期间我们遭遇过多次经济衰退：20 世纪 70 年代开始的石油危机导致了经济危机，20 世纪 80 年代出现了日元升值危机，20 世纪 90 年代发生了泡沫经济危机，2000 年以来又出现了信息技术泡沫危机。但是我把每次危机都当作机会紧紧抓住，为企业新的增长打下了坚实的基础。

但是，这一切不过是我们贯彻企业经营的原理原则的结果而已。这些原理原则记载在这本书中，靠这些原理原则可以切实有效地引导企业成长发展。所谓的"经营要诀"原本就不会受"时间"因素的影响，也就是不会因时代环境、景气动向的变化而变化，其基本精神应当是确定不变的。

同时，这些"经营要诀"虽然表面上朴实无华，但讲的却是应该怎样做人的道理，所以它们又不会受"空间"因素的影响，也就是不会随地区、国界的不同而变化，它们是具有普遍性的。

如果真是这样，从我粗浅的经营体验中概括出来的这本书，对在全球性的经济萧条中寻求新的成长机会的中国经营者来说，或许会有所启示。而且正如书名一样，我衷心希望本书成为大家"在萧条中飞跃的大智慧"。

无锡市盛和企业经营哲学研究会会长、无锡中幸时装有限公司董事长曹岫云先生为本书的出版付出了不同寻常的努力，并为每一章撰写了精彩的导读文章。值此书出版之际，我谨向曹先生致以敬意并表示衷心的感谢。

"京瓷"名誉会长　稻盛和夫

2009 年 6 月

目录

不況下に飛躍するための大いなる知恵

第1章　把萧条当作再发展的飞跃台
——应对经济不景气的
1条预防策略和5条应对策略

第4章　经营十二条的大智慧

第 5 章　谨记经营三要诀

第 6 章　经营为什么需要哲学

把萧条当作再发展的飞跃台

——应对经济不景气的
1条预防策略和5条应对策略

- 萧条是成长的机会

- 应对萧条最高明的一招，就是在平日里打造企业高收益的经营体质

- 萧条到来，我首先推行的是全员营销

- 工作量减少的萧条期正是开发新产品的好机会

- 萧条期正是降低成本的好机会，也是降低成本的唯一机会

- 萧条时必须保持高生产率

- 经营者必须与员工形成共同经营的伙伴关系

专家导读

自席卷全球的金融危机爆发以来，经济学家们已经发表了许多高见，但发言的企业家相对较少，特别是我们中国的企业家，真正有分量的见解还不多。因为改革开放几十年来，我们还没有经历过真正意义上的经济危机，我们的企业还缺乏应对这类危机的经验。

稻盛和夫先生 40 年间赤手空拳创建了"京瓷"和"KDDI"两家世界 500 强企业。而在稻盛先生创业的 50 年中，他先后经历过两次石油危机、经历过日元升值危机和日本泡沫经济危机。而每次危机过后，稻盛先生的企业都得到了快速发展。稻盛先生具有应对和克服经济危机的丰富经验：把危机看作成长的机会，把萧条当作再发展的飞跃台。

稻盛先生不仅是一位杰出的企业家，更是一位卓越的思想家。稻盛先生具有敏锐的洞察力，喜欢深思熟虑，善于从复杂的现象中抓住事物的本质，善于把深刻的思想用朴实的语言表达出来。

用思想家的头脑将企业家的经验提炼归纳，上升到理论的高度，然后再用这些理论指导经营实践，促使企业更好地发展，这就是 77 岁的稻盛先生多年来的主要工作。

特别是金融危机爆发以来，稻盛先生更加忙碌了，因为由他主办的"盛和塾"中的 5000 多名企业家塾生都希望在克服危机的过程中得到他的指点。

在本章中，稻盛先生阐述了企业应对经济危机的 1 条预防策略和 5 条应对策略，深入浅出，非常实用，从中我们可以看到一位大企业家兼大思想家的大家风范。❶

---

❶ "专家导读"均由稻盛和夫（北京）管理顾问有限公司董事长，浙江稻盛商道研究院院长曹岫云先生撰写。

从次贷危机爆发以来，美国经济的景气状况迅速恶化。加之原油价格猛涨，日本国内的汽油价格也随之高涨，同时原材料、食品价格也在攀升。本来预测至少在北京奥运会期间，整个世界经济向好，但这个希望也落空了，而且奥运会后的经济还在下行。在经济形势恶化的同时，日本国内的政治局势也很不稳定。

面对如此严峻的现实，企业经营者应该做什么呢？结合我平日的思考，我想就这个问题谈谈我的看法。

萧条是成长的机会

萧条是成长的机会。企业在不景气的情况下，正好有时间来增强体质，为下一次飞跃积蓄力量。

春天樱花烂漫，因为寒冷的冬天为它聚集了能量，经历了严冬的考验，樱花才能在温暖的春天盛开。同样，企业经历了萧条的考验，才可能有大的发展。萧条意味着艰难和痛楚，但萧条可以而且必须成为企业再次飞跃的台阶。不景气的程度越严重，越是要以积极开朗的态度面对，全员团结一致，切磋琢磨，集思广益，竭尽全力去突破困境。

萧条是严酷的、让人难受而难堪的，但是，萧条决不是经营者可以消极悲观的理由。

今年 ❶ "京瓷"将迎来创业 50 周年纪念。去年，我出席了在纽约的"京瓷"美国子公司的董事会会议，"京瓷"在加利福尼亚的子公司"京瓷国际"今年也将迎来创建 40 周年纪念。"京瓷"原来只是京都的一家小企业，但仅在创业 10 年后，就到美国加利福尼亚设立营销基地，接着又在圣地亚哥建设工厂，开始本地化生产。

就算是发展非常顺利的"京瓷"，在这 50 年中也遭遇过石油危机、日元升值危机、泡沫经济危机等多次严重的经济萧条，每当此时，我总是忧心忡忡、夜不能寐。但是，每一次萧条过后，"京瓷"的规模都会扩大一圈、两圈。从这个经验当中，我得出"应当把萧条当作成长的机会"这样一个结论。

萧条来临，员工团结应对，就可以造出一个"节"来，像竹子那样的节。经济繁荣时，企业只是一味地成长，遇到萧条，全体员工拧成一股绳，发愤努力，形成"节"，使企业再次快速成长。也就是说，这种"节"越多，企业就变得越发优秀。

---

❶ 指 2009 年。——编者注

遇到萧条，

全体员工拧成一股绳，

发愤努力，

形成"节"，

使企业再次快速成长。

预防策略——高收益

应对萧条最高明的一招，就是在平日里打造企业高收益的经营体质。

高收益意味着什么呢？它意味着一种抵御能力，使企业在萧条的形势下照样能站稳脚跟。也就是说，企业即使因萧条减少了销售额，也不致陷入亏损。换句话说，高收益就是预防萧条最重要的策略。

同时，高收益企业有多年积累的、丰厚的内部留存，即使萧条期很长、企业长期不赢利也依然承受得住考验。另外，此时可以下决心用多余的资金进行设备投资，因为萧条期购买设备比平时便宜许多。所谓经营，不是临时抱佛脚、被萧条逼入困境后才奋起努力，而是在平时就要尽全力打造高收益的经营体质。

如果是高收益，销售额急速下滑仍能确保赢利

一旦萧条降临，必须化不利为有利，把萧条转化为成长的机会。但是，在这之前，作为企业经营者，我们有自己必须思考的问题，那就是萧条到来之前的预防工作。我们无法预测什么时候发生怎样的萧条，但事先有没有应对萧条

的预防措施，所产生的结果就会大相径庭。

我多次在不同场合跟大家讲过，"没有 10% 的销售利润率，就算不上真正的经营。"有人说，毛利不大的流通行业、零售行业，要实现 10% 的利润率很困难。但是假定毛利率只有 20%、30%，如果从中挤出 10% 的利润率是困难的，那么挤出 7%、8% 的利润率则是可能的，应该努力做到。事实上，在我们"盛和塾"的塾生所经营的企业当中，就有很多达到了这个目标。

平时努力打造企业高收益的经营体质，就是预防萧条最有效的策略。

为什么打造高收益的企业可以预防萧条呢？萧条出现时，首先是客户的订单减少，对制造业来讲，就是没有活干，可卖的产品减少，销售额降低，比如本来卖 100 个产品的企业现在只能卖 90 个，利润当然会减少，但因为平时有 10% 的利润率，即使销售额下降 10%，照样可以赢利。不！就算销售额下滑两成，企业仍然可以保证有一定的利润。为什么？因为利润率高意味着固定费用低，原来有 10% 的利润率的话，销售额下降 10%，利润率只会下降 5%、3%、2%，只有当销售额下降 30%、40% 时，企业才可能出现赤字。

没有 10% 的
销售利润率，
就算不上
真正的经营。

如果企业的利润率达到 15%、20%，极端地说，即使销售额下降一半，企业仍可赢利。也就是说，一个高收益的企业即使遭遇萧条，销售额大幅下降，仍然可以保持一定的利润。

过去有过所谓石油危机，有过日元升值危机，我们经历过多次经济萧条，但是在"京瓷"50 年的历史中，从来没有出现过一次亏损，也就是说 50 次的年度决算，年年赢利。

"京瓷"曾经销售额在半年中就下降了 90%，但还是没有出现亏损，因为当时它的利润率达到 30%。因为"京瓷"拥有独创性技术，能制造当时谁也做不了的新型陶瓷产品，所以有很高的利润率，在这种情况下，即使销售额大幅下滑也不会出现赤字。

"没有 10% 的利润率，就算不上真正的经营。"我说这句话包含两层意思，一是企业在平时、在经济繁荣时期就必须付出最大的努力；二是企业要想能够应对经济萧条的袭击，必须有一个强健的企业体质。

在第一次石油危机时，"京瓷"面临订单日益减少、将要无活可干的境况，即便如此，"京瓷"的利润还在继续增加。

1973 年 10 月前后，"石油危机"开始影响日本。1974 年 1 月，"京瓷"的订单额每月有 27 亿日元，但到了同年 7 月，降至不足 3 亿日元，可以说是骤减。生产总值也从 1974 年 5 月的 26 亿日元猛降至 1975 年 1 月的 9 亿日元，情况极为严峻。在如此大萧条的压迫之下，连大企业也纷纷停产，削减、解雇员工，或让员工歇业待岗。但此时"京瓷"没有削减、解雇一名员工，也没让一名员工待在家里。在保证员工继续工作的同时，"京瓷"仍然保持了相当高的利润。

萧条降临之后再匆忙应对，是不可能提高收益的，而平日的高利润率正是企业应对萧条的最好准备。

丰厚的内部留存可以保障员工生活

预防萧条，企业高收益的经营体质之所以有效，还有一个理由。

高收益的经营体质使企业积累了相当多的内部留存。纵使因萧条而出现赤字，一年两年，就是不向银行借款，不解雇员工，企业照样挺得下去。

缺乏高收益的经营体质，经营拮据，企业就无法储备自有资金。只有高收益才能对抗经济萧条，谈到这一点，我还想起了一些往事。

无论作为一个普通的人，还是作为经营者，我都属于谨慎小心又爱操心的那一类人。"一旦遭遇萧条该怎么办呢？"我从年轻时开始，就一直忐忑不安，也正因为如此，我就格外努力，结果是在实现了高收益的同时，增强了企业的体质。所以，1974 年，石油危机到来时，在公司的安全性方面我有足够的自信。

经济不景气，员工就动摇。当时我这样说："请大家不要担心，即使优秀企业也因不景气接连破产，然而我们'京瓷'仍然可以生存，哪怕两年三年销售额为零，员工们照样有饭吃，因为我们具备足够的内部留存。所以大家不必惊慌，让我们沉着应战，继续努力。"我用这些话来稳定军心，事实上当时我们也的确有足够多的资金。

"京瓷"经营至今，一直在不断地充实企业的内部留存。截止到 2008 年 3 月，"京瓷"集团有现金、银行存款 6000 亿日元，股票 4000 亿～5000 亿日元，合计约有 10 000 亿日元的内部留存，足以应对任何的萧条与不景气。

这就是松下幸之助所讲的"水库式经营"。几十年前我听松下先生讲演时，也想搞"水库式经营"，而且从那时开始我就一直实行"水库式经营"，这就是防御萧条最好的办法。而且这样做还能稳定人心，面对萧条，员工们可以不必惊惶失措，而能沉着冷静地去克服困难，这就是企业高收益的经营体质所具备的优点。

这里有一个问题。以美国为中心的海外基金和投资家们，动用巨额资金买卖企业股票，借此获利，这些人看重的是股东资本利润率。

资金负债表中有自有资本这个部分，相对于这个自有资本，当期纯利润是多少，这个经营指标就叫"股东资本利润率"。我讲的"利润率10%"是利润相对于销售额而言的，而投资家们看重的是利润相对于自有资本的比例。

所谓自有资本，是只要将赚到的钱不断积攒起来就能增加的，也就是积累内部留存。企业经营得越好，自有资本就越雄厚。而投资家们看重的是这么多的自有资本能产出多少利润。自有资本大，而由它所产出的利润却不高，就被认为是投资效率差。

投资家们常说："如果达不到百分之多少的净资产收益率（ROE），那家公司的股票就不能买。"受他们的影响，一般经营者也开始认为"为了提高 ROE 应该减少内部留存"。因此，这些经营者使用内部留存的资金不断并购企业，不断购买设备，去追求更多的短期利润。

降低包括内部留存在内的自有资本，增大利润，分母小分子大，ROE 的百分比就上去了，在世界上的发达国家的思维中，这样的企业被称为优秀企业，这已成为共识。

"京瓷"的经营干部在美国、欧洲开投资说明会，总会听到这样的意见："'京瓷'的自有资本比例实在太高，而 ROE 太低，存这么多钱干什么呢，应该去投资，应该去使用，好赚更多的钱，这是我们投资家的要求。"听到这种意见，干部们回来同我商量，我就说："不必按那些投资家的意见去办。"当"ROE 高的企业就是好企业"这种观点成为共识的时候，我的意见就是谬论。但是，这种所谓共识，归根到底，不过是短期内衡量企业的尺度。现在买进股票，待明年升值时抛出，这样就能轻松赚钱。对这样思考问题的人来说，当然 ROE 越高越好，但我们要考虑未来的几十年，要一直把企业经营下去。对于我们来说，稳定比什么都重要，企业应该有足够的储备，才承受得起大萧条的冲击。

然而，当今的共识却是，这种储备越充足，经营者就越被视为无能，要被打上"不够格"的烙印。"你们去对投资家们说，他们要给我们打'不够格'的烙印，那是他们的事。"我对"京瓷"的干部们这么说，"去告诉那些投资家，我们必须保护员工，保护企业，如果他们要否定这一点，那是他们的事。"

在日常经营中不断积累内部留存就可以预防萧条。企业总是微利，在内部留存很少的状态下遭遇萧条，企业就难以承受，经营者就会寝食难安。我一贯强调，企业至少要有10%的利润率，意义就在于此。

应对策略一：全员营销

萧条期，全体员工都应成为推销员。企业各个部门平时都会有好的想法、创意、点子，这些东西在萧条期可以派上用场，可以拿到客户那里，唤起他们的潜在需求，这件事全体员工都要做。

营销部门、制造部门、开发部门不必说，间接部门也要参与，全体员工团结一致，向客户提案，创造商机。这样做，不仅可以让客户感到满意，而且可以让自己的视野从部门内部拓展到整个企业。

萧条期，

全体员工

都应成为推销员。

不是陪着营业人员跑客户、当助手，而是将自己平时好的想法、创意、点子结合到商品中向客户推销。

促进生产部门和营销部门的和谐

在萧条到来之前，力求成为高收益企业，有备无患。当萧条实际降临时，又该怎么办呢？现在正是这种情况，而且从目前来看，今后萧条的趋势将更加严重。面对不景气，首先应该强调的就是全员营销，"京瓷"在遭遇第一次石油危机时就是这么做的。

"京瓷"属于制造行业，制造产品然后销售。研究人员搞研究，技术开发人员搞技术开发，生产人员搞生产，营销人员搞营销，分工明晰。但是，刚才提到，由于石油危机，单月订单额从27亿日元骤降至不足3亿日元，生产现场没活干，一片冷清，出现了严重的萧条景象。

在这种情况下，我提出全员营销，包括没有任何营销经验的现场生产人员在内，全体员工都出去推销产品。那些连客套话也不会讲的、农民出身的老员工也去搞推销，流着汗访问客户："有活吗？有什么可以让我们干的吗？我们什么都干！"这样做最终取得了很大的成果。

一般来说，生产部门和营销部门往往有一种对立的关系，比如，生产部门会对营销部门发牢骚："你们拿不到订单，害得我们没活干。"但是如果生产人员也去卖东西，他们就会明白营销有多么不容易。生产人员体验到了营销人员的辛苦，这会促进两者的和谐，彼此理解了对方的心情，有利于双方更好地配合。全员营销可以大大促进生产部门和营销部门之间的和谐。

共同品尝营销的酸楚

大家都去搞营销，就会产生一种同感：即使是制造业，即使是制造业中的尖端产业，卖东西、销售产品仍然是企业经营的根本。

一流大学毕业、聪明能干的企业的重要干部，他们到客户那里推销产品却不懂得要低声下气。看到他们那副自以为是的"臭架子"，我就觉得他们太不像话；应该像小伙计一样，低头搓手道："能不能请您下一点订单呢，为了客户您，我们什么都干。"虽然就像在低声下气地恳求，但缺乏这种精神就拿不到订单。从某种角度看，最困难的境地就是向客户讨订单。但是，如果让缺乏这种经历的人当企业的干部，公司就很难经营得好。不管是搞生产的还是当会计的，任何部门的人，让他们都经历在别人面前低头讨订单的辛苦，特别是萧条期，让员工品尝这种酸楚，让他们懂得要订单有多难，经营企业有多难，特别是营销部门以外的干部，让他们有切肤般的体验是很重要的。

"京瓷"所卖的产品，是工业用的新型陶瓷材料，靠一般的流通渠道是无法销售的。要跑到在过去就买我们产品的客户那里，低头恳求："我们公司还能做这样的新产品，看看有没有能为贵公司效劳的地方"，一边询问一边推销，"虽然是特殊产品，你们是不是有什么地方可以用得上"，这样一边提案，一边试探销路。

我想大家都还记得，在过去不景气的时候，报纸上常报道，一些综合性电器厂家向员工发放自家产品，比如电视机、电冰箱等实物作为年终奖。

因为萧条，库存当然会增加，为了减少存货，把产品发给员工以代替奖金，我认为这不是上策。有一个厂家动员员工："现在库存有这么多，希望全体员工都来帮着卖，可以去卖给乡下的亲戚朋友，价格优惠，按照卖给职工的折扣价就行。"结果库存一扫而光，原本躺在仓库里的冰箱、洗衣机、电饭锅，全由员工们推销给了他们的亲戚朋友。

让他们懂得

要订单有多难，

经营企业有多难。

比用实物支付员工工资更好的办法，就是全员推销库存，让大家都明白，低头求人、推销产品有多难、多辛酸，这是很有意义的。

应对策略二：全力开发新产品

萧条期可以全力开发新产品。平时因工作忙碌而无暇顾及的产品，平时无暇充分采纳客户意见的产品，都要积极开发，不仅是技术开发部门，营销、生产、市场调查等部门都要积极参与，共同开发。

萧条期客户也会有空闲，也在考虑有无新东西可卖。这时主动拜访客户，听听他们对新产品有什么好主意、好点子，对老产品有什么不满或希望，然后把他们的意见带回来，使其在开发新产品和开拓新市场中发挥作用。

工作量减少的萧条期正是开发新产品的好机会

在生产现场，许多技术人员平时就考虑过研发这样那样的新产品，但因为太忙总不能着手研发。比如食品行业中做糕点的店家，虽然很想做些新式点心，但因为老产品一直畅销，平时做老式点心已忙得不可开交，进入萧条期，老式点心滞销，手头就有了空闲，以前一直想"这种新蛋糕如果做出来肯定好卖"，现在可以试做了，在萧条期就能尝试新东西。

在萧条期，人们最有空闲，"做这个试试如何，卖那个试试怎样，把这个东西推荐给客人好不好"，平时一直就有的想法，在萧条期都可实行，这时可以而且应该试做新东西。

同时，把这些新想法拿到客户那里，因为萧条，客户也没事干，闲得发慌，他们往往会说："其实我们也考虑过请你们做这样的东西。"另外，此时有的客户还会提出他们自己的创意，请我们试制。总之，萧条期努力开发新产品，对于企业经营非常重要。

萧条期开发出用于钓鱼竿的陶瓷导向圈

"京瓷"初期的产品曾用于纺织机械。在纺织机械上，因为纱线高速运转，同纱线接触的零件很容易磨损，用不锈钢做的零件用一天就会因磨损而断裂。这些地方的零件如果用耐磨的陶瓷零件来代替，效果极好。"京瓷"当时开发了各种陶瓷零件供纺织机械使用。

工作量减少的
萧条期正是
开发新产品的
好机会。

但到第一次石油危机时，纺织机械一下子滞销，"京瓷"也断了订单。此时我们就实行全员营销和"全力开发新产品"这两项策略。

我们有一位营销员去拜访静冈县的一家渔具制造企业，看见一种钓鱼的渔竿附有卷线装置，其中天蚕丝线滑动的接触部位使用的是金属导向圈。这位聪明的营销员注意到这一点，于是向对方提出建议："我们公司是做新型陶瓷的，比如在纺织机械上与高速运转的纱线接触、容易磨损的地方，用的就是我们公司耐磨的陶瓷零件。你们渔竿上与天蚕丝线接触的金属导向圈，如果改用陶瓷材质一定非常适合。"

但是渔竿上的导向圈，并不像纺织机械中同纱线接触的零件因为纱线不停高速运转而很快磨损，只是在投竿时滑动一下。所以对方回答说："用陶瓷的价格高，没必要。"

但这位营业员不死心，为了引起对方的兴趣，继续游说："用陶瓷零件不仅不磨损，而且可以减少与丝线之间的摩擦系数。"钓鱼时先要挥舞渔竿让鱼钩飞出去，如果摩擦系数大，天蚕丝线滑动阻力大，鱼钩就飞不远。还有一点，现在的金属导向圈，在钓到大鱼时，因摩擦力大，天蚕丝线会啪的一下断掉。钓到大鱼时人们自然会兴奋不已，但偏偏此时渔线断了，多扫兴。即使用强度很高的渔线，摩擦系数仍然过大。

渔线为什么会断？因为钓到大鱼时，线上突然产生很大的张力，线与圈上压力大增，这样拉着，摩擦生热，就把天蚕丝材质的渔线破坏了，渔线瞬间断裂。

渔具企业的人听了就说："你既然这么说，那就试试吧。"于是戴上手套，先用原来的金属导向圈，加上负荷用力拉，果然渔线发热断裂了，然后换上陶瓷导向圈，一点问题没有，效果非常理想。

"就是它了！"渔具企业的人一锤定音，从此采用陶瓷导向圈。现在凡是高级渔竿全都用上了陶瓷导向圈，并且从静冈渔具厂开始推广到全世界。有人说那么不起眼的产品有什么了不起，但这个零件每个月可以卖 500 万个呢。

应对策略三：彻底削减成本

萧条时期竞争愈加激烈，订单数量、单价下降，这时仍要维持赢利，成本的下降幅度要大于价格的下降幅度才行。一般人都认为这不太可能。"从认为不可能时重新开始！"

认真设法改革，"现在的做法真的没问题吗，还有没有进一步削减费用的办法呢？"从各个方面重新研究，改正传统的效率低下的加工方法，合并不必要的组织，彻底进行合理化建设，坚决压缩成本。增强抵御萧条的能力，到景气恢复时便能很快出现利润，并成为优秀的高收益企业。

萧条期竞争激烈，价格不断下降，按原来的成本做肯定亏本，因此必须下决心彻底降低成本。但是人工费不可能随便降低，因此除了提高每个人的工作效率，必须彻底削减各种费用。

景气时订单多，即使想要降低成本，也总是实现不了。因此萧条期正是降低成本的好机会。萧条期费用再同过去一样，企业就经营不下去。既然没有退路，只好大家一起努力减少费用，所以说萧条是降低成本的唯一机会。

萧条期成本能压缩到什么程度，直接影响事后企业的经营及成长的可能性。萧条期竞争更加激烈，价格连续下降，在这种情况下仍能赢利，这样的成本、这样的企业体质，在萧条结束后，销售额增加3成、5成、1倍时，利润就非常可观。

萧条期正是降低成本的好机会。

就是说，萧条期降低了成本，改善了企业体质，以至低价仍能赢利，那么，一旦景气恢复，利润就会开始大幅攀升。在萧条期打造的筋肉坚实的企业体质保证了高收益。我总强调达不到10%的销售利润率就算不上经营，但是正因为经历了萧条期降低成本的努力，企业才形成了高收益的经营体质。"因为萧条，亏本也是没办法的事"，如果抱着这种态度，那么即使景气恢复，取得的利润也是微乎其微的。

萧条期即使营业额减半，仍能挤出利润，形成这种企业体质，一旦营业额上升或恢复，就能实现高利润。困难时降低成本，好像是逃避困难，是苦肉计，但这决不是消极的对策，这将成为企业实现再次飞跃的有力武器。

抓住萧条这个机会，花心血与员工共同努力，彻底削减成本，"走廊里的灯关掉，厕所里的灯也关掉"，与员工一起，从所有方面削减经费，这种努力在企业发展中是必不可少的。萧条期降低成本如能成功，景气恢复后，就能转化为高收益企业。所以说："萧条是高收益之源。"

我一直在说萧条是成长的机会，萧条本身当然是不好的，但萧条期降低成本，打造出一个再次飞跃的"节"，企业会因此变得更加强大。所以，我们经营企业必须将萧条当作机会并紧紧抓住。

应对策略四：保持高生产率

必须在萧条期仍然保持高生产率。因萧条而订单减少，要干的活少了，如果仍然由过去同样多的人来生产，制造现场的生产效率就会下降，车间里的工作气氛就会松懈。在这种情况下，应该把多余的人从生产线上撤下来，让他们集中学习或做一些车间的整理工作，为景气恢复做准备。同时，制造现场留下必需的最小限度的人员，保持同最忙碌时一样的紧张工作的气氛，才能维持过去经过许多努力才提高上去的生产效率，这一点很重要。

第一次石油危机时，许多企业或解雇或临时解雇员工或让员工在家待岗。当时我考虑无论如何也不能让员工失业，但订单减半，甚至减了 2/3，如果仍由原有数量的人来做，就无法维持过去的高生产率。

上一条对策讲过，萧条期必须降低成本，但原有人数的员工只做原来 1/3 的工作，生产效率自然非常低下，过去花了不少工夫，好不容易提高的生产效率，一下子被破坏了，作业工序的效率迅速下降。作业效率一旦下降，订单增加时想要恢复原有的高生产率谈何容易，所以当时我只把 1/3 的人员留在现场工作，让 2/3 的人去做平时无暇顾及的车间维修及清扫等工作或举办哲学培训班，学习做人做事的正确规范。

必须在萧条期

仍然保持

高生产率。

也就是说，生产订单因萧条减少到原来的 1/3，那么人员数量也减少到原来的 1/3，这样才能继续保持过去的高生产率。

调离生产现场的员工无论做清扫工作还是维修工作都很认真，因此车间变得干净起来，工厂院子里筑起了花坛，大大美化了企业环境。当然 2/3 的人不在现场工作，企业又要维持下去，正如前面所讲的，需要企业积累充分的内部留存，正因为有高收益体质，我们才能做到这一点。

应对策略五：构建良好的人际关系

萧条是构建良好人际关系的绝好机会。萧条是考验劳资关系的试金石，景气时彼此都可以表现得冠冕堂皇，一旦面临萧条，要求严格时，光说漂亮话就不管用了。

在困难的局面下，职场和企业的实力受到考验——同甘共苦的人际关系是否已经建立，上下一心的企业风气是否已经形成。从这个意义上讲，萧条是调整和再建企业良好人际关系的绝好机会，应趁此机会努力营造更优良的企业风气。

萧条是调整和
再建企业良好
人际关系的
绝好机会。

构建互相信赖的劳资关系

我一贯强调，经营中小企业最重要的事情就是经营者与员工的关系问题。经营者要爱护员工，员工要体谅经营者，互相帮助，互相扶持。我们必须建立这种关系，不是资本家和劳动者的对立关系，而是共同经营的伙伴关系，建立这种关系、形成这种企业风气的企业就是优秀的企业。

为此，我一直跟大家谈哲学，劝大家把这种想法与自己的员工分享，并通过经常性地举办情感酒话会，与员工交心。针对我的这些话，有人会说："我们公司人际关系不错啊！"但一到萧条期，光说好听的话是没用的，"要多干活，经费要一降再降，今年奖金要减少 3 成，发不出奖金希望你们忍耐"，到时这些话不得不说。

平时以为员工理解企业的经营，与自己同心协力，所以到了萧条期就要求员工更加出力，要员工做出自我牺牲。但想不到员工却不接受，出来抵制，这时候才明白员工并未真正与自己一条心。

换言之，萧条是劳资关系的试金石。自以为企业的劳资关系不错，但员工却说"公司提出如此过分的要求，我们接受不了"，日本不少公司的工会在萧条期会受外界的煽动，联合外部支援者一起来与经营者进行严厉交涉。本以为自己得到了员工的信赖，企业员工与经营者关系良好，但一到萧条期才明白事情并非如此。

萧条到来时，本该齐心协力克服困难，但人际关系是件复杂的事情，往往就在这时员工却叛离了企业，从而导致公司的分裂。形势好时，大家很团结，员工也很配合，但最需要大家齐心协力时，却偏偏离心离德。

此时应该深刻反省："自己的经营有问题，员工从内心并不信赖我，本想萧条时大家能风雨同舟，却没能做到。"今后怎样才能与员工建立信赖关系，不但自己要思考，而且要与员工一起认真思考。

平时这些问题并不会显现出来，患难时方见人心，这时不能一味地叹息，而应该考虑如何改善，如何吸取教训把今后的事情做好。

分担萧条苦难的"京瓷"工会的信念和勇气

20 世纪 70 年代，随着第二次世界大战后日本经济的高速增长，员工工资也以每年 20%、25% 的比例大幅上涨。但 1975 年因遭受到石油危机的冲击，"京瓷"的销售额和利润都大幅下降。本该照例大幅加薪，但由于发生了严重的萧条，作为薪金基础的销售额和利润都严重滑坡。在这种状况下，再维持很高的工资上涨比例，就必须提高产品的销售价格，这样"京瓷"就会失去竞争力，因拿不到订单而陷入困境。于是我直率地对"京瓷"的工会讲："今年的加薪有困难了，暂时搁置吧。"也就是说，公司经营面临这么大的困难，今年不加工资了。

福井君现在是"盛和塾"的顾问，当时他是工会主席。我耐心地向他解释道："这种时刻更要削减成本，增强企业实力，如果萧条期再大幅加薪，增加成本，就会丧失价格竞争力，企业就不好经营了，所以这次加薪只好暂缓考虑了。"

工会全体干部经讨论后得出结论，今年的加薪冻结，并向全体员工做出了说明。

当时"京瓷"工会的上级组织是"前线同盟"，他们使用各种手段支援下属的工会团体，帮助他们与经营方交涉，实现加薪。而"京瓷"工会宣布"今年冻结加薪"，"前线同盟"就慌了手脚，指责"京瓷"工会说："你们那么软弱让我们很为难，这种时候就该向经营者提出强硬要求，获得加薪。"对此，我们的工会表示："提出如此无理的要求，等于要搞垮公司，这样的工会团体，没有继续加盟的必要。"并正式发表声明，退出"前线同盟"。

下级工会从上级工会团体中退出，这在当时是一个特例，"京瓷"工会的退出成了一个大问题。当时以福井君为核心，工会干部们理直气壮地宣传"京瓷"工会的宗旨和主张，让我至今记忆犹新。就是说，工会也承担了企业发展的一部分责任，协调劳资关系，为全体人员谋幸福是"京瓷"工会的使命。用这个理由向上级工会组织做解释，退出了"前线同盟"，这件事一时成为热门话题。现在回想起来，我依然觉得"京瓷"工会当时还真有勇气。

"京瓷"的员工一贯理解、支持公司，在萧条期更表现出超出预期的献身精神。就是说，"京瓷"内部良好的人际关系不仅由此得到确认，而且员工与经营者之间的这种坚韧的纽带，对事后"京瓷"的发展也发挥了巨大的作用。

正因为企业内部平时就具备健康的、良好的人际关系，所以萧条期冻结加薪的决定才能被全体员工所接受，同时"京瓷"工会又毅然退出反对这一决定的上级工会团体，就这样，"京瓷"工会顺利通过了自己的主张。"一味讨好经营者就不是工人运动，劳动者就是要在萧条期强迫经营者接受自己的条件，捍卫自己的权利。"在那样的时代风潮中，"京瓷"工会站出来，堂堂正正地说："不！我们的观点不是这样的。"而且毅然决然地退出了上级工会团体。这件事不仅证明了"京瓷"的劳资关系是良好的，是正确的，而且给予了作为经营者的我以莫大的勇气。

当然企业有如此密切的劳资关系并不容易，往往在最需要大家齐心协力的时候，员工中却爆发出牢骚与不满。但此时不应埋怨，而应该谦虚地反省，反省过去自己在经营中做得不好的地方，努力重建企业良好的人际关系，这才是最重要的。

"京瓷"运用以上所讲的1条预防策略和5条应对策略，在克服每一次萧条之后，都获得了新生和提升，也就是打造出了一个个的"节"，为企业的持续发展打下了坚实的基础。

面对萧条来袭，企业所处的环境将变得越发严峻。如何应对萧条，以上的内容都是我自己多年的经验，希望大家铭记在心，把即将到来的萧条看作企业再次发展的飞跃台，不断钻研，不断努力，不断前进。

用关爱利他之心突破困境

——空前的经济危机及其应对

第 2 章

- 人的无节制的欲望招致了金融危机
- 企业家的使命就是保护员工及其家属
- 比完善制度更重要的是改变人心，必须彻底改变经营者的"心"
- 要把利他之心、关爱之心、慈悲之心放在经营的核心位置

▋ 专家导读

在上一章中，稻盛先生讲述了企业处理经济危机的 1 条预防策略和 5 条应对策略。而在这一章中，他又从一个全新的角度论述了这次金融危机的本质和根本性对策。

稻盛先生在《拯救人类的哲学》一书中说，金融危机的直接原因似乎是金融衍生产品使用过了头，但事情的本质是人们为了满足自己的欲望，不择手段地追求利润最大化，是失控的资本主义的暴走狂奔。

美国是现代资本主义的"宠儿"。但是时至今日，它却想少花或不花成本，利用虚拟经济，以开发尖端的金融技术来保持它世界第一经济强国的地位，这是危险的游戏，这次金融危机就是证据。

为了不使这样的危机重演，全世界都在讨论如何完善机制，如何加强监管。而稻盛先生却说，最重要的是改变人心，而不是别的。

发生在美国的、中国的乃至全世界的无数事实已经证明并将继续证明：不管制度多么健全，无论监管多么严格，如果不改变人心，不改变人的道德观念，结果只能是陷入你有政策、他有对策，道高一尺、魔高一丈这一类的循环，变成善恶的智力竞赛，不法行为还将层出不穷，甚至愈演愈烈。事实难道不是这样吗？

那么，改变人心难吗？稻盛先生经营企业的实践证明，其实这并不难。稻盛先生说，只要在做决定的时候，能够扪心自问：自己是否"动机至善、私心了无"？作为一个人是不是应该这样做？然后在这个基础上再做出各种决定。50 年来他和他的员工们就是这么做的，所以他们可以创建两家世界 500 强企业，全体员工都可以获得物质和精神两方面幸福，而在金融危机的狂风暴雨中他们照样可以处之泰然。

大家都知道，由美国发端的金融危机波及全球，现在已经招致了空前的经济危机。我虽然已从经营第一线引退，但从"京瓷"公司社长和会长的报告中可以看出，客户的订单每周都在急剧减少，电子行业形势极为严峻。美国金融界发生的问题会向欧洲、亚洲扩散，为世界金融业带来冲击，这一点可以预见到，但是如此迅猛地影响到实体经济，是我事先没有预料到的。

人的无节制的欲望招致了金融危机

金融危机还在蔓延，虽然全世界各国政府都在努力应对，但问题看来不容易解决。美国这次金融危机是怎样造成的呢？我们来回顾一下。

次级贷款问题的"结构"

美国有关机构向在买房上信用度不足的人发放购房贷款，即所谓次级贷款。次级贷款与普通贷款不同，为了减轻借款人的负担，开始时贷款利息很低，几年后利息大幅攀升。当时美国房地产市场非常火爆，房地产价格直线上升。利用这笔贷款买房，即使几年后贷款利息上升，因为房屋升值的幅度更大，所以足以应付还贷。发放贷款的金融公司、银行事先都这么宣传，借钱买房的人也深信不疑，借贷双方因而成交了。但事与愿违，美国房地产泡沫破裂，房价不涨反跌。

一方面贷款利息逐年增加，另一方面房子又降价贬值。购房者无力还贷，银行就把房子扣押，强行收回，不断出现大量的空置房。

还不了贷款，房子被没收，如果到此为止，问题也算告一段落。但事情没有那么简单，美国的金融界一般都会把这种债权证券化。这种次级贷款的债权由民间金融机构买进，而半官半民的美国联邦国民抵押贷款协会（房利美）和美国联邦住房贷款抵押公司（房地美）将这种债权证券化，并予以担保。房地美、房利美两家公司把有问题的、借出去可能收不回来的债权做成证券，在全世界大量抛售。

而越是风险高的金融产品利息也越高，用次级贷款做成的证券就有很高的利息，全世界很多金融机构争先恐后地购买。金融机构吸引老百姓存款，要付利息，它们要用这些存款进行资本运作，寻找高回报的金融产品，于是，它们的眼光很快被吸引到与次贷有关的证券上，想借此大赚一笔。

但利用这项贷款买房的人一个接一个破产，将这项贷款的债权证券化后卖出去的金融产品也就一落千丈，给持有这些证券的企业、银行带来了巨额的不良资产。有一种说法是，有2000万亿日元（约人民币140万亿元）❶的金融资产遭了殃。

因为背负了巨额的不良资产，美国的银行几乎丧失了全部自有资金。缺少了自有资金，银行业务就无法开展，结果雷曼兄弟公司（有150多年历史的美国第四大投资银行）倒闭了，其他大银行也面临破产，美国政府正在注资解救。

贪婪的欲望催生的"万宝锤"——"金融衍生产品"

据说近年来金融界的技术进步很快，借用许多数学家、统计学家的力量，开发了不少现代化的金融产品。什么叫金融？在我们这些老派的人看来，钱不够的人，向有钱的人借钱，归还本金时要加上利息，本来我们的金融概念就这么单纯。但现在不是这样了，要用高等数学，要搞证券化。金融界制造出五花八门的所谓"金融衍生产品"，利用它做杠杆，以超出实体经济几十倍的巨大金额进行交易，产生的利润也非常可观，这个"金融衍生产品"在世界范围内被买卖交易。

---

❶ 此处按照2009年的汇率计。——编者注

金融方面我是外行，很无知，什么也不懂。有一次，我问一家大银行的行长："金融衍生产品是什么？"行长说："我也不晓得，我们银行里，只有搞这个产品的、特殊的专业人员才懂，我不懂。"这些"金融衍生产品"太复杂了，甚至连银行行长都一头雾水。

我们生活在实物经济中，特别是日本，以制造业支撑经济。为了生产产品，就要购买原材料，募集人才，从早到晚认真工作，就是说要付出辛勤的劳动。然而金融界只要使用电脑，就可以获取巨额利润，真是能敲石成金的所谓"万宝锤"。

最近10年来，出现了一种动向，那就是依靠这个"万宝锤"来经营整个国家，特别以美国和英国最有代表性。纽约的华尔街和英国的伦敦城都聚集了全世界的金融机构。其他许多国家也都希望将自己的大城市建成金融中心，吸引世界各国的金融机构。做金融不要资源也不要设备，赚钱最快，又可以搞活经济。

实际上，那些从事"金融衍生产品"的专业人才，那些将债权证券化后出售的人们，他们对这些产品的内容，这些产品到底是怎么一回事，也是一知半解。在这次金融泡沫破灭的过程中，这些产品会有怎样的风险，听说他们自己一点也不清楚。因为太复杂了，都是专家反复测算的，大家都愿意相信它们肯定安全，拿它们交易买卖肯定没问题，所以金融泡沫一旦破灭，所有人都惊惶失措。

只要笔和账本，甚至只要电脑，就能够驱动世界上的资金而获取利润，换句话说，"轻轻松松赚大钱"这种倾向，促成了资本主义最尖端、最时髦的技术。利用这种所谓"金融工学"来把经济搞活，被称为进步。我们很多搞实业的人看到这种情况，就会觉得只做制造业已没有多大意义，应该介入金融业。事实上已有不少企业涉足金融业，而且还有很多企业正想参与金融业。

比如通用电气公司（GE），是高科技企业，属于制造业，可以生产原子能发电设备、喷气式发动机，但听说这个公司利润的大半来自公司的金融部门。现在面临破产威胁的通用汽车公司（GM），据说过去也是作为主业的汽车领域利润少，而作为副业的金融领域利润多。名义上的产品制造企业却要依赖于金融。不仅美国，日本也是如此，从事制造的企业涉足银行业务，甚至流通行业中也有涉足金融的企业。不仅金融界，搞实物经济的产业界都一致认为，能轻松赚钱的就是金融，做金融划算，向金融投入力量，金融在膨胀，这就是现状。

人的贪婪、

无尽的欲望、

贫瘠的心理，

就是

此次危机的根源。

"轻轻松松赚大钱",换句话说,就是不劳而获、少劳多获,这种不知餍足的欲望催生了新的金融产品,并不断向全球扩散。追根究底,人的贪婪、无尽的欲望、贫瘠的心理,就是此次危机的根源。

人类的历史是一部欲望膨胀的历史

人类本是"生物圈"的一员

在这里我们变动一下时间的轴线,俯视我们人类发展的历史。

约 137 亿年以前,由大爆炸产生了宇宙,据说我们的地球从诞生至今已有约 46 亿年。在这 46 亿年中,人类从非洲诞生是在约 700 万年以前,然后人类逐渐进化成为现代人,即智人。也就是说,人类成为智人以后的历史并不太长。

在森林中采集果实,摘取草木的嫩芽,在河中捕鱼,在山上狩猎,初期的人类以狩猎采集为生,在地球生物圈中参与循环和共生。

如果人类自身吃得过多,周围可吃的食物就会减少,人类将无法生存。所以必须与这个地球圈共生，保持和谐。人类的生存环境非常苛刻，有时难免饿死，抱着对饥饿的恐惧，人类活得相当艰难。

由农耕畜牧产生了"人际圈"

靠狩猎采集为生，生存的风险太大，人类开始了农耕畜牧的生活方式，把野兽作为家畜来饲养，喝家畜的乳汁，吃家畜的肉。在山上捕到动物以后不马上吃掉，而是作为家畜饲养起来。同时又开始了农耕，种植、培育小麦和稻子，用人工来生产谷物，从狩猎采集时代进入了畜牧农耕时代。

自己持有生产手段，自己生产谷物，自己饲养家畜以供食用，人类进入畜牧农耕时代后，生活稳定了，生活水平提高了，出现了富裕的村落。而在这之前，人类只能得到大自然恩赐的东西，处于食物链当中，与其他生物共生。进入畜牧农耕时代后，人类从食物链中独立出来，形成了自产自食的生存方式。

本来必须与其他生物共生的人类形成了"人际圈"，在这个圈内形成了人类独特的生活方式。在地球上制造了"人际圈"，与其他生物不同，人类可以独立出来过自己的生活。从这时起人类可以按照自己的愿望、自己的想法、自己的意志来生活和生存。

在狩猎采集时代，人类仅凭自己的意志是无法生存的，必须遵从自然的规范、自然的意志。但形成"人际圈"之后，人类不是靠自然的规范、自然的意志生活的，而是获得了凭自己的意志自由生活的权利。

获得驱动力后快速膨胀的欲望

200多年前，英国掀起了工业革命，蒸汽机的发明让人类获得了驱动力。在"人际圈"中获得了驱动力的人类从此以后能动地促进了地球上物质的循环，结果是"人际圈"迅速扩张。

因为获得了驱动力，人类就按照自己的意志、自己的想法、自己的愿望去征服自然、利用自然，发展了人类居住的社会，构建了优秀的近代文明社会。

人类还在追求更加富裕、更加便利的社会，以这种欲望为基础，并将这种欲望变为强烈的意志，以此作为引擎促进了科学技术的发展。科学技术的进步，又促使现代文明社会进一步发展，而这个文明现在正面临危机。

然而社会发展到今天，人类仍然为无止境的欲望所驱使，相信大量生产、大量消费就是"善"，就能让经济发展，让人类富裕，并朝着这个方向一路狂奔。盲目相信将经济馅饼做大就是"善"，崇尚用过即丢的消费模式。这样就必然给地球环境带来极大的威胁，谁都知道地球资源有限，这种大量生产、大量消费的生活方式必将难以为继，资源必将枯竭。但是人类却贪得无厌，还要创建更加富裕、更加幸福的文明社会，以不可阻挡之势，在这条路上迅猛前进。

我认为，无限度地创建更富裕、更幸福的社会，正是这种欲望引发了这次金融危机。我们所从事的实体经济领域，要做得更大、更富裕是总有极限的。期望经济更迅速、更有力的发展，就需要金融业的发展，正是这种期望导致了今日的危机。

"靠人类的智慧就能构建无限幸福的社会"乃是幻想

前面提到，1 万年前，人类在地球上建立了"人际圈"，从过去的"食物链"中独立出来，并依靠自己的智慧和意志，利用地球上的各种资源，征服自然，创造了伟大的文明。

但人们认为这种文明可以无限发展，也就是说，无限发展人类的欲望就是进步。这么想这么做的结果，使我们人类破坏了环境，给地球投下了阴影；这次又使金融危机突然来袭。

人们相信，只要运用人类的智慧和意志，就能创造无限幸福的社会。我认为，这就是人类抱有的一种幻想。再这样走下去，已经可以看到这种幻想破灭的前景。

比如，到 2050 年，世界人口或许突破 100 亿。届时地球能确保这 100 亿人口的粮食和水吗？维持当代文明的能源够吗？许多人对此敲响了警钟，但却找不到这个问题的答案。多数人认为这个问题到时总能解决："人类利用自己的智慧努力生存至今，只要利用各项科学技术，今后总会有办法解决吧。"但我认为这就是人类的幻想。

回顾迄今为止人类创造过的文明，无论是埃及文明还是美索不达米亚文明，如今呈现在我们面前的盛极一时的古代文明成了废墟。曾经辉煌的文明为什么突然消失了？我认为，这废墟就是我们现代文明的警钟。

企业家的使命就是保护员工及其家属

"利他之心"才能拯救文明的危机

我一直给大家讲,我们在经营中小企业,许多人都认为我们的事业没有什么了不起。但是,不管是5人也好,10人也好,我们都有员工,员工又都有家属,保护员工及其家属的生活是我们的责任。

在日本的产业界,中小企业的数量要占99%,在中小企业就业的员工人数,要占到日本实业界人数的70%。在大企业里工作的人数只占一小部分。

不管是5人也好,10人也好,为了使这些员工及其家属不致流落街头,大家都在努力经营企业,同时这种努力也从根本上支撑了日本的产业界。

正因为如此,我一直对大家讲,一定要把企业经营好,为了经营好企业,经营者必须提升自己的人格,如果经营者缺乏高尚的人格,企业就很难顺利发展。

经营企业必须追求利润,为此,人们往往认为没有贪欲之心，做不到冷酷无情，就无法经营企业。然而，这是错误的。恰恰相反，如果没有同情和关爱之心，缺乏美好的心灵，经营才是无法顺利进行的。

在我们的"盛和塾"里，塾生之间，不管是谁，在平时的谈话之中，经常使用"利他之心"这个词。利他之心非常重要，关爱对方之心非常重要。如果没有它，企业就难以顺利经营，也难以提高企业的利润，大家对此都有切身体会，所以在日常的经营活动中应该实践利他的行为。

我认为，就是现在，让全世界的人们接受"知足""利他之心"的观念，从根本上改变人类迄今为止的生存方式，实现这种大转变的时候已经到了。如果人类不下这样的决断，我认为近代文明将坠入灭亡的深渊。

应该改变的是经营者的"心"

强化规制不能避免重蹈覆辙

美国的政府、金融界、经济界，乃至全世界的经济界，都认为此次金融危机爆发的原因在于规范不健全，机制不完善。所以大家都主张要大力制定严格的制度，修改法律，加强监管，使这样的危机不再重演。我想这方面的工作很快就会展开。

但认真想一想，不久前美国的安然公司、世界通信公司，以及美国有关大企业都因做假账等丑闻而纷纷倒闭。为了防止因企业经营者的不诚实行为而导致企业破产，美国政府和经济界修订了很多法规，加强企业经营的透明度，建立光明正大的会计制度。大企业的经营者因谋求私利而采取不正当不诚实的行动，给整个社会带来了严重的损害。为了监督他们，美国制定了《萨班斯－奥克斯利法案》，对企业的财务会计进行双重、多重的检查审核，为此需要大量繁杂的作业，要使用庞大的会计师和律师队伍。

比如，对于公司的财务会计进行审核的注册会计师和律师们，公司担心万一他们的审核工作有疏漏，没有发现问题，公司要承担责任，所以公司需要对这些注册会计师和律师们的审查工作进行再审查，因此又需要另一批注册会计师和律师。通过设立这种双重、三重的再审核制度，花费庞大的费用，来监管大公司的财务决算。不仅是美国的企业，甚至还包括在美国上市的日本企业，为了审计也要花费很大的成本。

关键是

经营者的"心"，

必须彻底改变

这颗"心"本身

才行。

但是不管机制多么健全，规范多么严密，方法多么细致，居心不良的经营者还是不可能杜绝。关键是经营者的"心"，必须彻底改变这颗"心"本身才行。

这次金融危机发生后，为了防止重蹈覆辙，全世界都会考虑加强监管。但是这不过是一种善恶的智力竞赛，如果不改变人的道德观念，同类事件肯定还会继续发生，不法行为还将层出不穷。

将"动机至善、私心了无"作为判断的标准

在"盛和塾"里，我反复向大家强调，要用"利他之心"去经营企业。"利他之心"是一颗正确的心。要经常思考"作为人，何谓正确"，在做出决策的时候，要扪心自问：自己是否"动机至善、私心了无"？作为一个人是不是应该这样做？这样的问题，在自己的心里要反复自问，不要放过，在这个基础上再做出各种决定。满腹私心，以满足一己私利来思考问题、决定行动，一定会给员工带来伤害，对社会造成危害，最终对自己也不利。要将"动机至善、私心了无"作为判断的标准，必须这样去经营企业。

要将"动机至善、
私心了无"
作为判断的标准，
必须这样去
经营企业。

以前我讲过，日本江户时代近江地区的商人，他们把生意做到了极致，那就是对客户好，对社会好，对自己好，同时做到这"三好"，而不是仅仅考虑卖家自己好。卖家自己要好，也要让买家感觉到好，同时也要给社会带来好处。成为这样的"三好商人"，这就是近江地区商人从商的精髓。我们现在的企业家有必要重新思考他们的经验。

"京瓷"全员团结一致，克服石油危机

坚持雇用、确保就业是王道

长期以来，我一直不厌其烦地向大家阐述要坚持做好事，要做对人有利的事情，以此来取得事业上的成功。

当前我们的企业所面临的环境非常严峻。有些企业因明天的决算无法取得平衡而请求银行发放贷款，银行却惜贷，结果使企业陷入了困境。但不管遇到怎样的困难，我们经营者都不能只考虑自己如何生存。我们要与员工风雨同舟，互相扶持，共渡难关。希望每一位经营者一定要这样想、这样做。

可悲的是，前些时候，有些大企业开始辞退派遣工，把他们从公司宿舍里赶出去。我听到派遣工们发出了这样的悲鸣："总得让我们平安地迎来新年吧，从宿舍被赶出来之后，我们只能流落街头。"近代的资本主义，总拿人工费说事，把雇用归入人工费这一经费项目，甚至把人当物来处理。一旦遭遇不景气，没有别的办法，为了减少经费，首先就是解雇员工。

如果经营者把利他之心、关爱之心、慈悲之心放在经营的核心位置，虽然遇到萧条，工作量减少，不再需要派遣工，但就在这种时候，正式工，包括总经理到普通员工，大家都从自己每个月的工资中拿出一部分，将派遣工留下来。一旦景气恢复，比如一年后萧条过去，那时派遣工会说"公司真好"，他们会更加努力地工作。我想企业应该有办法这样来处理。

比如总经理主动减薪3成，董事会成员减2成，一般干部员工减1成，用这部分钱将派遣工留住，当然派遣工的工资也要相应减一些。"工资虽然降低了，但是我们要忍耐，在等待景气恢复的这一年中，让我们团结一致，更加努力。"我想应该有人向工会组织提出这样的建议。

这样的话，工会的领导们也会认真听取并接受。因为形势严峻，我想大家都愿意团结起来、共同承受和应对困难。

仅 6 个月中订单就减少到了原先的 1/10

讲到这个话题，就让我再次想起了 1973 年发生的第一次石油危机，当时我 45 岁左右。

这年 10 月 6 日石油危机爆发，从第二年，也就是 1974 年开始，景气急剧恶化，以"京瓷"为例，1974 年 1 月的客户订单是 27.5 亿日元，仅仅过了 6 个月，也就是 1974 年 7 月，订单减少至 2.7 亿日元。工作量降到原来的 1/10，9 成员工无活可干。当时我还年轻，是第一次遇到这样的经济危机。

我一直把"珍视员工"作为经营的理念，遇到这么大的困难该怎么办？我在烦恼之余，把员工召集起来，讲了下面这段话："可做的产品减少到了 1/10，如果再有这么多人一起干，效率就会低下。因此，1/10 的活让 1/10 的人来干，剩下的人一起打扫工厂吧。"

让员工们轮流上班，其他人清扫工厂，修理庭园，整理花坛，整修运动场，这样的工作持续了几个月。

冻结加薪的决断和"京瓷"工会的勇气

尽管这么做了，公司的形势依然很严峻。到了 11 月，我再一次召集了干部员工，宣布从总经理的我，一直到底层的系长，所有的管理职位干部全部实施减薪。我说，我自己减薪 30%，最少的减 7%，但必须确保就业，决不辞退一名员工。

当时的日本，是第二次世界大战后经济持续发展的时代，到石油危机爆发之前，日本经济直线上升，同时每年都有"春斗"，企业的工资水平每年都要上升 20% 至 30%。

干部们降了工资，但是第二年 4 月的"春斗"又迫在眉睫，然而企业没有订单、没有工作可做。在这种情势下，我向"京瓷"工会提出了冻结加薪的请求："能否暂缓考虑明年 4 月加薪的要求。"

1975 年我向各位工会委员发出了一份有关工资问题的信函：

"各位同仁，大家辛苦了。最近我们公司的订单大幅下降，但大家仍然在各自的岗位上拼命努力，对此我表示衷心的感谢。在这种状况下，我席不暇暖，奔走在海外客户之间，但我一刻也没有忘记你们。我切身体验海外市场，从世界的角度来观察日本，来注视我们"京瓷"公司，并经常思考相关问题。一有机会，我就把自己的想法告诉大家，在下次的劳资协议会上请允许我再向大家做具体的解释。"

我发出了这样一份信函，提出了冻结加薪的请求。当时的工会委员们认真讨论后接受了我的要求。

1975年4月，其他公司屋顶上都竖起红旗，爆发了劳动争议，工会都提出了增加工资的要求，唯有"京瓷"工会没有提出加薪的要求。

当时，"京瓷"工会的上级组织是"前线同盟"，他们认为"京瓷"工会的判断是不负责任的胡来，对"京瓷"工会施加压力。当时他们的观点是："一些经营者会寻找各种借口不加工资，工会不能屈服，就是要在企业困难时强烈提出加薪要求并夺取胜利。"所以他们对于"京瓷"工会居然接受经营者冻结加薪的要求大为光火，因此来施加压力。

"京瓷"工会没有屈服于这种压力："我们劳资一体共同维护我们的企业，企业处在这种困难的情势下，社长提出冻结加薪的要求是合情合理的，所以我们愿意接受，如果你们认为我们这样做是胡来，我们可以脱离'前线同盟'。"

几千人参加的工会要脱离上级组织，对上级工会团体而言是一种屈辱。工会费用的百分之几要交纳给上级组织，这样一来他们会失去财源。而且这种动向如果波及其他工会，上级组织本身将会失去它存在的价值。所以当时的"京瓷"工会虽然遇到了极大的压力，但是"京瓷"工会态度坚决，不愿屈服，毅然退出了"前线同盟"。他们为了企业做出了这样的决断，我万分感谢。

冻结加薪的那年7月，景气开始恢复，公司业绩也稳步提高。就在当年夏季奖金发放时，在工会提出的要求之上，我又追加了一个月奖金，支付给每位员工相当于3.1个月工资的奖金。另外到1976年3月，我又决定另外支付一个月的临时奖金。同时，1976年加薪时，我宣布将前一年冻结的部分也加进去，给员工加薪两年的22%。

其间，1975年9月，"京瓷"的股价高达2990日元。当时日本股价最高的是索尼，"京瓷"却超越了索尼，成为日本股价最高的企业。我想，这就是因为我们同员工齐心协力，共同克服萧条所带来的结果。

这一次的金融危机可能会出现同那时相类似的情况，在短短几个月内订单减少到 1/10。在遭遇如此严重的危机时，我也希望大家咬紧牙关，与员工们齐心协力共渡难关。

构筑人类能够持续生存的社会

俯瞰人类的文明史，我们可以发现，正是人类的傲慢和贪欲招致了现在的金融危机和经济萧条。但是一旦景气恢复，人们又会认为，"如果提倡'知足'，那么经济就不再增长，生活也不再富裕。如果始终保持现状，世界经济就会停滞不前"。而人总是好了伤疤忘了疼，因此肯定会追求新一轮的经济增长。我想全世界都会这么做，而正是在这种循环往复中，人类或许会使现代文明走向灭亡。

但是，我们虽然无法改变人类前进的方向，但在我们短暂的人生中，必须通过顽强的努力，至少应该保住自己的公司，并由我们的双手维护我们所在地区的社会稳定。如果大家的公司相继倒闭，那么你们所在的城镇或村庄，所在地区的社会就会出现混乱。所以无论情况如何，希望各位一定要继续努力奋斗。

是人类的一些行为招致了这样的灾难，人类如果不认真反省，不洗心革面，不改变自己的思维方式，那么今后肯定会重蹈覆辙。

"人际圈"已经侵蚀了地球的所有系统，但是人类并不能独立生存，在地球系统崩溃之前，"人际圈"将先期灭亡，我想这是必然的结果。

我们应尽自己的微薄之力，为构建人类能够持续生存的社会做出努力，在此之前，必须确保自己企业的生存，希望每一位经营者务必继续努力奋斗。

克服萧条的
六项精进

第 3 章

- 付出不亚于任何人的努力
- 要谦虚，不要骄傲
- 要每天反省
- 活着，就要感谢
- 积善行、思利他
- 不要有感性的烦恼

▌专家导读

在次贷危机的影响初露端倪之际，2008 年 7 月 17 日在日本最大的会场——横滨国际平和会议场，面对 2555 名企业家塾生，稻盛先生作了题为《六项精进》的演讲。在他讲话的 1 小时里全场鸦雀无声，我和我们"无锡盛和企业经营哲学研究会"的 20 名企业家也参加了这次大会。因为我懂日语，在这 1 小时里我体味到前所未有的感动，在翻译这篇文章时我又有情不自禁的激动，我们研究会的同仁们读此文时也都产生了强烈的共鸣。

我们常常争论企业经营是战略决定一切，还是战术或细节决定一切。但稻盛先生却断言："除了拼命工作，世界上不存在更高明的经营诀窍。"因此他将付出"不亚于任何人的努力"列为"六项精进"的第一项。

怎样才能持续付出这样的努力呢？稻盛说很简单，只要喜欢自己的工作就行。那么不喜欢怎么办呢？稻盛说只要转变心态就行。比如刚入职时他对陶瓷毫无兴趣，后来改变想法钻了进去，就觉得其中别有洞天。对工作有了浓厚的兴趣，他和他的团队就不断钻研、天天创新，出色的战略战术应运而生了。"京瓷"在管理和技术的一切细节上都向完美和极致挑战，这样努力的结果就是开创了又一个

"新石器时代"，硬是将自身这个不起眼的零部件企业挤进了世界 500 强企业。

稻盛先生认为全身心投入工作不但可以产生创意，而且可以磨炼灵魂，提升心性。于是在 1984 年，他举起"降低国民通信费用"的义旗，把"动机至善、私心了无"八个字作为口号和行动准则，像"堂·吉诃德挑战风车"一样，投身于完全陌生的通信领域，并且取得了令人不可思议的、卓越的成功，于是又一个世界 500 强企业诞生了。

"六项精进"的其他五项，也有同样动人心魄的魔力。稻盛先生强调，企业家只要掌握了这"六项精进"，包括经济危机在内的任何困难都能克服。他说，实践这"六项精进"，不但企业能够成功，而且人生将更加幸福，成功和幸福的程度将超出自己的能力和想象。正如他所说："我自己的人生就是这样。"

"六项精进"是在"经营十二条"之前提出来的。我在年轻的时候就认为，只要做好这"六项精进"，就能搞好企业。不仅是企业经营，而且为了创建美好的人生，这"六项精进"也是必不可少的。这是我在经营实践和生活实践中的切身体会。

在我看来，"六项精进"是搞好企业经营所必需的最基本的条件，同时，它也是我们度过美好人生必须遵守的最基本的条件。如果我们能够日复一日地持续实践这"六项精进"，我们的人生必将更加美好，而且美好的程度将超出我们自己的能力和想象。事实上，我的人生正是如此。

如果你想拥有幸福、美好、平和的人生，如果你想把你的企业经营得有声有色，如果你想让公司的员工幸福快乐，那么，你就忠实地实践这"六项精进"吧。

创造自己美好幸福的人生其实并不难，甚至可以说是一件容易的事情，这就是我的观点。特别是在严峻的经济环境中，重提"六项精进"显得尤为重要。

付出不亚于任何人的努力

拼命工作带来成功和幸福

"六项精进"中率先登场的就是"付出不亚于任何人的努力"。在"经营十二条"中，我也向大家强调了"付出不亚于任何人的努力"这一条。在"六项精进"中，我将其列在第一位。

在企业经营中，最重要的就是这一条。就是说，每一天都竭尽全力、拼命地工作，这是企业经营中最重要的事情。同时，如果要让人生幸福美满，那么每一天都必须勤奋工作，这是先决条件。想拥有美好的人生，想成功地经营企业，前提条件就是要"付出不亚于任何人的努力"，换句话说，就是要不遗余力地投身于工作。做不到这一点，就不可能取得企业经营的成功或人生的成功。不愿勤奋工作，只想轻松舒服，那么企业当然经营不好，美好的人生也无法实现。

说得极端一点，只要拼命工作，企业经营就能井然有序、一帆风顺。今年也许不景气，但不管哪个年代，不管怎样的不景气，只要拼命工作，任何困难都能克服。人们常

每一天都竭尽全力、
拼命地工作，
这是企业经营中
最重要的事情。

说，经营战略最重要，经营战术不可少。但是，我认为，除了拼命工作之外，不存在第二条通向成功之路。

回首往事，在我 27 岁的时候，成立了"京瓷"公司，我开始经营企业。当时，我对经营一窍不通，但我心里只有一个念头，就是不能让公司倒闭，不能让支持我、出钱帮我成立公司的人蒙受损失。为此，我拼命地工作，常常从清晨干到深夜 12 点，甚至凌晨 1 点、2 点，我就这样夜以继日地工作，付出不懈的努力。

今年是"京瓷"创立 50 周年。回想过去，虽然 70 岁之后努力程度不如从前了，但在这 50 年里，我一直在勤奋地工作，正是这种勤奋才有了"京瓷"今天的辉煌。从这点来看，也证明了我上述的观点是没有错的。除了拼命工作之外，世界上不存在更高明的经营诀窍。

企业家、学者、研究员、艺术家，不管哪行哪业，他们能取得出色的成绩，都是竭尽全力、埋头工作的结果。

我常常想起我的舅舅和舅妈。战争 ❶ 结束后，他们在鹿儿岛做起了蔬菜生意。舅舅的文化程度不过小学毕业，他每

---

❶ 此处指第二次世界大战。

天拉着大板车做买卖。爱说三道四的亲戚们总是以轻蔑的眼光盯着他："那个人既没学问又没脑子，所以只好在大热天里拉板车，一身臭汗地做生意。"

舅舅的个子很矮，不管是盛夏还是严冬，他拉着比自己身体大得多的板车，车上装满了蔬菜。我小时候常常目睹舅舅这样做生意的场景。

我想，舅舅并不知道什么是经营、该怎样做买卖，也不懂财务会计。但是，就是凭借勤奋和辛劳，他的菜铺规模越来越大，直到晚年，他的经营一直都很顺利。只是默默地埋头苦干，没有学问，没有能耐，但是，正是这种埋头苦干给他带来了丰硕的成果。舅舅的形象一直铭刻在我儿时的记忆中。

拼命工作是所有生物被赋予的义务

我为什么要强调"拼命工作"呢？因为自然界存在的前提，就是所有生物都在拼命寻求生存。稍微有了点钱，公司刚有起色，就想偷懒，就想舒服，这种浅薄的想法也就是我们人类才有的。在自然界里，这样的生物绝不存在。自然界中的动植物，它们都在竭尽全力、拼命地寻求生存。看到这些现象，我想，每天坚持认真地、不遗余力地工作，应该是我们做人最基本的、必要的条件。

大家知道，在夏天烈日的暴晒下，杂草会从柏油马路的裂缝中发芽生长。按常理，如果一星期干旱不下雨，杂草就会干枯，然而在这样既缺水又缺土的地方，杂草却在发芽生长。在自然界中，即使是在这种严酷的环境下，只要有种子飘落，就会在那里发芽长叶，进行光合作用，然后开花结果，结束它们短暂的一生。即使是在石头墙的缝隙之间，只要有一点儿土壤，杂草就会发芽生长。

我看过一个电视节目：在环境严酷、灼热的沙漠里，一年仅会下几场雨。有些植物趁着下雨的时候，迅速地发芽、长叶、开花、结果，然后枯萎，生命过程只有短短的几周。它们在沙漠里顽强地生存，为了留下后代，只要有一点儿雨水，它们就要开花结果，把种子留在地表，以待来年下雨时再次发芽。尽管生命只有短短的几周，它们照样拼命地生存并留下后代。

无论是植物还是动物，它们都在严酷的条件下顽强地生存，世上没有浑浑噩噩、好吃懒做的动植物。遵照自然界的规律，我们人类在地球上生存，也必须认认真真、竭尽全力，这是最基本的条件。

在创建"京瓷"公司的时候，我还不懂这些自然的哲理。虽然我不懂这些哲理，但我有一种危机感，如果不竭尽全力地工作，不拼命努力的话，公司的经营就不可能顺利。这样的危机感、恐惧心促使我拼命工作。现在回顾当时的情况，我觉得这是非常正确的。不管经济如何萧条，不管环境如何严峻，我坚信，付出加倍的努力，是经营者乃至每个人生存的前提条件。

我向许多人问道："你是否在竭尽全力地工作？""是的，我在努力工作。"我对这样的回答并不满意，于是，我会接着问，"你是否付出了不亚于任何人的努力？""你的工作方法是否不亚于任何人？"你自称是在努力工作，但实际上你的努力还远远不够。如果你不更加认真、不更加努力，那么公司也好，个人的人生也好，都不会有理想的结果。我用"付出不亚于任何人的努力"这句话，来表达这一层意思。

我认为，竭尽全力，付出不亚于任何人的努力，乃是自然界中所有生物被赋予的理所当然的义务，没有谁可以逃避这个义务。

不管经济如何萧条，

不管环境如何严峻，

我坚信，

付出加倍的努力，

是经营者乃至每个人

生存的前提条件。

只要喜欢你的工作，拼命努力也不觉其苦

拼命工作是辛苦的事情，要让自己每天都能够承受这种辛苦，就必须有个条件，那就是让自己喜欢上现在所从事的工作。如果是做自己喜欢的事，不管怎样努力都心甘情愿。如果你热爱甚至迷恋你的工作，尽管在外人看来，你是那么地辛劳，那么地不同寻常，但是，在你自己看来却很自然，因为你喜欢自己的工作。

从年轻的时候起，我就是这么想的，我努力让自己喜爱自己所从事的工作。我的故事已和大家讲过多次，虽然我也是大学毕业生，在毕业后却求职无门，在老师的帮助下，好不容易才进了一家陶瓷公司。我对烧制陶瓷没有兴趣，我不喜欢这份工作。而且，公司每个月都不能按时发放工资，是一家拖欠员工工资的公司，因此我也不喜欢这家公司。

但是，如果抱着满腹牢骚从事研发工作，是不可能取得成就的。于是，我决心让自己喜欢这项工作。因为，对于不喜欢的事，不可能全身心地投入，研究工作就也做不好。

那个时候，我刚好情窦初开，我知道了"有情千里来相会"这句话。在热恋情人的眼里，千里之遥不过是一箭之

地。不管多么辛劳，去和心上人相会，千里就如同只有一里，再远也不在话下，这就是"有情千里来相会"。

凡事都是如此，如果喜爱以至迷恋的话，自己根本不会感觉到旁人眼里的辛苦。因此，我就努力让自己喜爱自己的工作、喜爱自己的研究。

有机会从事自己喜爱的工作，当然很好，但大多数人没有这种幸运，人一般都是为了生计而从事某项工作。既然如此，就有必要付出努力，让自己去喜爱自己所从事的工作。努力了，喜欢上了自己的工作，接下来就好办了。要付出"不亚于任何人的努力"，就变得很简单，"那样早出晚归，拼命工作，身体不要紧吧"。别人在为你担心，而你自己却一点不觉得苦，反而因为能够胜任而感到充实。

据说成功有许多办法，但在我看来，抛弃"竭尽全力、拼命工作"这一条，就不可能有什么成功。特别是在严峻的经营环境之下，加上可能出现的大萧条，在不利条件下寻求生存和发展，"竭尽全力、拼命工作"这一条是不可或缺的。

全身心投入工作就会产生创意

竭尽全力、认真地专注于工作，还有一个功效。当你每天都聚精会神、全身心投入工作的时候，就不会出现低效、漫不经心的现象。不管是谁，只要喜欢上自己的工作，只要进入拼命努力的状态，他就会考虑，如何把工作做得更好，就会钻研更好的、更有效的工作方法。

拼命工作的同时又能思考如何改进工作，那么你的每一天都会充满创意。今天要比昨天好，明天要比今天好，这样不断琢磨，反复思索，就会生出好想法，萌生出有益的启迪。

我并不认为自己有多大的能耐，但是，在每天努力工作的同时，我会开动脑筋，孜孜以求，推敲更好的工作方法，为了增加销量，还有没有更好的促销方案呢？为了提高效率，还有没有更好的生产方式呢？这样不断钻研的结果，往往会出现自己都意想不到的进展。"京瓷"能不断地开发新产品，开拓新市场，就是我们勤于思考、精益求精的结果。

不竭尽全力，不专心工作，就谈不上创造发明。马马虎虎、一知半解、吊儿郎当，在这种消极的状态下，即使你

拼命工作的同时

又能思考

如何改进工作，

那么你的每一天

都会充满创意。

想寻找好的工作方法，也不可能迸发出创意来。你不辞辛劳、拼命努力却一筹莫展，但你依然刻苦钻研，这时候，就会感动上天，上天就会可怜你，给予你新的启示。

真挚、认真、不懈地努力，走投无路也不轻言放弃。上天看到我这么努力，这么执着，便不嫌我愚笨，慷慨赐予我。

我想，新的智慧、新的灵感、新的启示就是我拼命努力的结果。

看看世界上那些伟大的发明家，那些开发出划时代的新产品、新技术的人们，我们就会发现，他们都付出了不亚于任何人的努力，他们在辛勤工作、苦苦思索中获得灵感。懒惰却获得成功，投机取巧却带来发明创造，世界上没有这样的人。从这个事实来看，我坚信，竭尽全力、付出不亚于任何人的努力，就一定会给我们的事业和人生带来丰厚的回报。

拼命工作可以磨炼灵魂

从早到晚辛勤劳作，就没有空闲。中国有句古话说"小人闲居为不善"，人这种动物，一旦有了闲暇，就有可能动不正经的念头，干不正经的事。但如果忙忙碌碌、专注于工作，就不会有非分之想，没有时间考虑多余的东西了。

禅宗的和尚和"修验道"❶的修行者们，他们在刻苦修行的过程中磨炼自己的灵魂。将心思集中到一点，抑制杂念狂想，不给它们作祟的空间，通过这样的修行，整理自己的心绪，磨炼自己的心志，造就纯粹而优秀的人格。和这个修行过程一样，全身心地投入工作，就没有时间胡思乱想。也就是说，竭尽全力、拼命工作就能磨炼人的灵魂。

我曾对大家讲过，"磨炼灵魂，就会产生利他之心"，也就是说，会萌生出好心善意，萌生出关怀他人的慈悲之心。另外，我也反复告诉大家，只要抱有这样的好心肠，为社会，为他人着想，并落实在行动中，你的命运就一定会向好的方向转变。

全神贯注于自己的工作，只要做到这一点，就可以磨炼自己的灵魂，铸就美好的心灵。有了美好的心灵，就会很自然地去想好事、做好事。虽然我们并不知晓自己被赋予了怎样的命运，但是，想好事、做好事，这种念头，这种实

---

❶ 日本教派，融合民间宗教、神道和佛教又吸收中国道教内容而成。此派曾盛行于平安时代（794—1185）。——译者注

践，会形成一种力量，促使我们的命运朝着更好的方向转变。

25 年前，在"京瓷"的规模还不大的时候，应大家的要求，我成立了"盛和塾"。迄今为止，伴随着"京瓷"和"KDDI"的持续发展，在竭尽全力、拼命工作的同时，我将自己在工作中的体验告诉大家，与大家分享。这种体验不是空洞的理论，而是经营的实学。我毫不隐瞒地告诉大家，我能传授给你们的最重要的东西不是别的，就是"竭尽全力、拼命工作"这一条。

要谦虚，不要骄傲

我认为，谦虚是最重要的人格要素。我们常说，那个人的人格很高尚，这就是说，那个人的人格中具备了谦虚的美德。

谦虚很重要。这并非只针对成功后骄傲自大的人，而是要求经营者在小企业成长为大企业的整个过程中，始终保持谦虚的态度。

要求经营者

在小企业成长为

大企业的整个过程中，

始终保持谦虚的态度。

年轻的时候，我学到了中国的一句古话："唯谦是福。"不谦虚就不能得到幸福，能得到幸福的人都很谦虚。从"京瓷"还是中小企业时起，我就崇尚谦虚。公司经营顺利，规模扩大，人往往会翘尾巴，傲慢起来，但我总是告诫自己，绝对不能忘记"谦虚"二字。

"唯谦是福"是一句非常重要的格言，我下决心，信守这句格言。在这个世界上，有些人用强硬手段排挤别人，看上去是很成功，其实不然。真正的成功者，尽管胸怀火一般的热情，有干劲、有斗志，但他们同时也是谦虚的人、谨慎的人。

谦虚的举止、谦虚的态度是人们非常重要的资质。然而，人们往往会在取得成功、地位上升之后忘记了谦虚，变得傲慢起来。这个时候，"要谦虚，不要骄傲"就变得更加重要。

要每天反省

一天的工作结束以后，回顾这一天，进行自我反省是非常重要的。比如说，今天有没有让人感到不愉快？待人是否亲切？是否傲慢？有没有卑怯的举止？有没有自私的言行？回顾自己的一天，对照做人的准则，确认言行是否正确，这样的作业十分必要。

在自己的言行中，如果有值得反省之处，哪怕只有一点点，也要改正。和"付出不亚于任何人的努力"一样，天天反省也能磨炼灵魂、提升人格。为了获得美好的人生，通过每天的反省，来磨炼自己的灵魂和心志是非常重要的。"竭尽全力、拼命工作"，再加上"天天反省"，我们的灵魂就会被净化，就会变得更美丽，更高尚。

我年轻的时候，有时也会傲慢。因此，作为每天的必修课，我都要进行自我反省。

所谓反省就是耕耘、整理心灵的庭园

上了年纪之后，我读了詹姆斯·埃伦的《原因与结果的法则》一书，不禁拍案叫绝，就是这个道理！所谓反省就是耕耘并整理自己的精神家园，这句话出自这位20世纪初期的英国哲学家之口。

人的心灵像庭院。
这庭院，既可理智地耕耘，也可放任它荒芜，无论是耕耘还是荒芜，庭院不会空白。

如果自己的庭院里没有播种美丽的花草，

那么无数杂草的种子必将飞落，

茂盛的杂草将占满你的庭院。

如果你不在自己心灵的庭院里播种美丽的花草，那里就将杂草丛生。也就是说，如果你不会反省，你的内心将长满杂草。——詹姆斯·埃伦就是这样说的。

接下来，他又写道：

出色的园艺师会翻耕庭院，除去杂草，

播种美丽的花草，不断培育。

同样，如果我们想要一个美好的人生，

我们就要翻耕自己心灵的庭院，将不纯的思想一扫而光，

然后栽上清澈的、正确的思想，

并将它培育下去。

出色的园艺师翻耕庭院，除去杂草。同样，我们要翻耕自己心灵的庭院，就是要通过天天反省，扫除心中的邪念；播种美丽的花草，就是要让清新、高尚的思想占领心灵的庭院。反省自己的邪恶之心，培育自己的善良之心。詹姆斯·埃伦就是这样表达的，他表达得非常确切。

接着，詹姆斯·埃伦又写道：

我们选择正确的思想，并让它在头脑里扎根，
我们就能升华为高尚的人。
我们选择错误的思想，并让它在头脑里扎根，
我们就会堕落为禽兽。
播种在心灵中的一切思想的种子，
只会生长出同类的东西，
或迟或早，
它们必将开出行为之花，结出环境之果。
好思想结善果，坏思想结恶果。

心怀善意就会结出善果，心怀恶意就会结出恶果。

因此，
请拔除自己心灵的杂草，
播种自己希望的、美丽的花草，
精心地浇灌，施肥，管理。

詹姆斯·埃伦这里比喻的就是自我反省。通过自我反省，
我们可以磨炼自己的心志，从而产生无限的幸福。

抑制邪恶的自我，让善良的真我伸展

抑制自己的邪恶之心，让善良之心占领思想阵地，这项作业的过程就是"反省"。所谓善良之心指的是"真我"，也就是利他之心，怜爱他人，同情他人，愿他人过得好；与此相反的是"自我"，指的是利己之心，只要自己好，不管别人。无耻的贪婪之心就属于"自我"。

回顾今天一天，想想冒出了多少"自我"，抑制这种"自我"，让"真我"，也就是利他之心活跃，这样的作业就是"反省"。

我喜爱印度诗人泰戈尔的一首诗。我已经在其他场合向大家介绍过多次，在此，请允许我再陈述一遍。在人的内心，"自我"与"真我"同在，"自我"是邪恶、贪欲、利己，而高尚的利他之心、美丽的慈悲之心、温柔的同情之心，就是"真我"。在我们每个人的心里，卑怯的自我和高尚的真我同在。泰戈尔用精彩的诗句表达了这个观点。

我只身来到神的面前。
可是，那里已经站着另一个我。
那个暗黑中的我，究竟是谁呢？
为了避开他，

抑制这种"自我"，

让"真我"，

也就是

利他之心活跃，

这样的作业

就是"反省"。

我躲进岔道，

但是，我无法摆脱他。

他公然在大道上迈步，

卷起地面的沙尘，

我谦恭地私语，他高声地复述。

他是我身上的卑微的小我，

就是自我。

主啊，他不知耻辱。

我却深感羞愧。

伴随这卑贱的小我，

我来到您的门前。

我拥有一颗善良、高尚、美丽的心灵，拥有"真我"、利他之心。但是，在"真我"的旁边，与我形影不离的是卑贱、贪欲、利己的"自我"，他不知羞耻。本来，我想谦恭地低调地生活，可他却大声喧哗。我轻声地自言自语："那东西我想稍微要一点"，而他却高声吼叫："我就要得到它，快把它给我！"不知羞耻、贪婪、利己的"自我"一刻不停地纠缠着我，我想逃脱他，他却揪住我不放。事情就是这样，这不足为奇，因为在我的心里，居住着这样一个卑贱的"自我"。

正因为如此，我们更有必要天天反省，对着邪恶、贪婪、卑贱的"自我"说："请稍微安静一些吧！""你也该知足了。"这样来抑制"自我"，通过这样的反省，我们可以磨炼自己的灵魂，磨炼自己的心志。

我常说，提高心性就能扩展经营。想搞好经营，我们经营者必须提高自己的心性，也就是说，不磨炼自己的灵魂，就无法搞好经营。

活着，就要感谢

"感谢"非常重要。我们要感谢周围的一切，这是理所当然的，因为我们不可能只身一人活在这世上。空气、水、食品，家庭成员、单位同事，还有社会，我们每个人都在周围环境的支持下才能生存。不，与其说是"生存"，不如说是赖以生存。

这样想来，只要我们能健康地活着，就应该自然地生出感谢之心，有了感谢之心，我们就能感受到人生的幸福。

我活着，不，让我有活着的机会，我当然要表示感谢，这样我就会感受到幸福。有了这样一颗能感受幸福的心，我就能活得更加滋润，让自己的人生更加丰富，我相信这一点。

不要牢骚满腹，对现状要无条件地表示感谢，在此基础上，再朝着更高的目标努力奋斗。首先，就"让我活着"这一点，向神灵表示感谢，向自己周围的一切说一声"谢谢！"我们要在"道谢"声中度过自己的每一天。

"要抱着感恩之心"这句话说来容易做来难。为此，我年轻时曾对自己说："就是违心说谎，你也要说一声谢谢。"当"谢谢"这句话一说出口，我的心情就变得轻松、变得开朗了。对别人由衷地说声"谢谢"，用语言将自己内心的感激之情表达出来，听的人也会心情舒畅，这样就营造出了一种和谐快乐的气氛。牢骚满腹，将周围的气氛弄得很郁闷、很尴尬，我想这会给自己和别人带来不幸。

"谢谢"这个词能在你周围制造出一种和谐的氛围。我想，大家都有过这样的经验，在电车上给老人让座，那位老人会弯腰道谢："谢谢，太感谢了！"这时，给他让座的我们自己也会感到心情愉悦。看到这样的情景，周围的人也会受到感染。善意感染了周围的人，善意还将循环下去。我想，如果这样的好事不断地发生、这样的行为不断地涌现，社会就会变得越来越美好。

因此，懂得感谢，对生活、对自己活着表示感谢是非常重要的。请允许我偏离一下主题。

除了"谢谢"这个词，还有"不敢当、不胜感激"这样的说法。比如说，像我这样的人竟能有这样的好运，让我不敢当，这是一种自谦，对自己能得到如此高的待遇感到不安，诚惶诚恐。这种表达和"谢谢"这个词一样，都是表示感谢的一种说法。

不管多么微不足道的事，我们都要表示感谢，这是最优先、最重要的。"谢谢你""感谢你"，这样的话威力巨大。它能将自己带进一个高尚的境界，也能给周围的人带来好心情，"谢谢"这个词是"万能药"。

这种感谢之心，我一直保持到今天。我想，正是这种虔诚的感恩之心才造就了今天的我，造就了今天的"京瓷"公司。

日文"谢谢"一词的含义是，本来不可能发生的事现在发生了，奇迹发生了，对这样的幸运当然应该感谢。"京瓷"、第二电信电话公司、KDDI，这些优秀企业居然都成功了。这本来不是我这样的人所能办成的事，然而，不可能的事情竟然发生了。对此，我必须用"谢谢，真是太难得了"等语句来表达自己的感谢之意。

不管多么
微不足道的事，
我们都要表示感谢，
这是最
优先、最重要的。

积善行、思利他

积善之家有余庆

在我还年轻的时候，在讲解"经营十二条"之前，我就向大家提出，要多行善，多做对他人有益的事。中国有句古语，叫作"积善之家，必有余庆"，意思是，多行善，多做好事就会有好报。而且不仅当事人，就连家人、亲戚也会有好报。一人行善，可以惠及全家以至亲朋好友，中国的先贤们想说的就是这个道理。

从很久以前开始，我就一直强调，世间存在着因果报应的法则。我曾向大家介绍安冈正笃先生写的《命运和立命》这本书，这本书对年轻的我产生了深刻的影响。书中说，在这个世界上，存在着因果报应的法则，如果多做好事、善事，那么不仅家人、家族会有好报，而且这种好报还会贯穿你的一生。利他的行为，就是以亲切、同情、和善、慈悲之心去待人接物，这至关重要。因为这种行为，一定会给你带来莫大的幸运。

我相信这项法则，在经营企业的过程中，我努力实践这项法则。多做好事，就能使命运朝着好的方向转变，使自己的工作朝着好的方向转变，这是我的信念。

不断地积善，为他人、为社会竭尽全力，这是使人生经营朝着更好方向转变的唯一方法。

同情并非只为他人

日本过去就有"情不为人"的说法，也就是同情并非只为他人。意思是讲，对别人有情，为他人行善，日后必有好报。

另外，我也听过这样的事：真心帮助别人，结果反而自己倒霉。比如，为了帮朋友摆脱困境，去充当他的贷款连带责任保证人，本以为做了善事，却想不到出了麻烦，以至于连自己的财产也丧失殆尽。还有一种情况，朋友有困难向你开口借钱，你借给他了，他却迟迟不还，让你陷入困境。

"不是说善有善报吗？怎么我做了善事却得到了恶报呢？"有人这样说，但我认为这种说法不对。

在那样的场合，只凭感情，只凭同情，就慷慨解囊，或当他的连带责任保证人，这本身就是一个问题。我对大家讲

不断地积善，

为他人、为社会

竭尽全力，

这是使人生、经营

朝着更好方向转变的

唯一方法。

过，作为经营判断的基准之一，有"大善"和"小善"之分。朋友手头紧，找上门求你帮忙，仅仅因为他来求你，你就同情他，不假思索地出钱相助，表面上看你是帮了他，实际上是害了他，使这位不负责任的朋友变得更不负责任。他之所以债台高筑，原因在于此人做事马虎，花钱大手大脚，缺乏计划性。如果你因可怜他而借钱给他，反而会助长他那种马虎和挥霍的坏习性。迁就朋友的不合理要求，这是"小善"，你关爱和同情他的方式不对，是帮他的倒忙，会让他越陷越深。

俗话说"孩子可爱也要让他经风雨、见世面"。乍一看，这种对孩子的"大善"近乎非情。

朋友找上门来借钱，央求你做他的连带责任保证人，这时，首先你要问清楚事情的来龙去脉，要认真调查，如果是他做事不检点，乃至挥霍浪费才导致了今天的结果，那么你应该断然地拒绝他，明确告诉他，这个钱不能借，而且，你还要劝导他正视眼前的困难，接受教训，重新振作起来。

如果你唯唯诺诺、有求必应，借钱给他，或同意做他的连带责任保证人，这似乎也算是一种"善行"，但它是"小善"，这种"小善"会把你自己牵连进去，弄得你自己也很狼狈。在需要做出判断的时候，不能感情用事，判断的基准是"大善"还是"小善"，这才是问题的关键。

"情不为人"，同情他人，为他人多做好事，结果必然利人也利己，这绝对错不了，我坚信这一点。

前文讲到资金借贷的问题。在战争时期，有个人曾经给我父亲帮过大忙。有一天，他的儿子来找我。那时，"京瓷"在中小企业中已经有了起色。他来到京都，对我说，他现在很困难，想从我这儿借钱。因为我听说过他父亲对我父亲有恩，于是就把钱借给他了。

但是，我既没有让他写借条，也没有问他的还款计划。我觉得，那人的性格不可靠，表面上，我是借钱给他，实际上，我是送钱给他，我压根儿没有打算让他还钱。后来，我也没有催促他还钱，一次也没有。而他呢，也从此杳无音信，"一直没还钱，对不起"，连这样的电话也从没来过。但是，因为我一开始就不准备要他还钱，所以，我并没有为此而烦恼。

到现在为止，别人向我借钱的事有过多次。因为年轻时我考虑过这样的事，所以，名义上是借，实际上是送，这种情况是有的。但是，以必须还钱为前提，我才肯借出，这种情况一次也没有。因此，做了好事没有好报，反而遭人背叛的事，在我身上一次都没有发生过。

有一次，公司一位员工的父亲遇到了麻烦，他们父子俩一起深夜来到我家。那时我刚 40 岁出头。当时，我仔细地询问了事情的原委，最终断然拒绝了他们的请求。

"伯父，我把钱借给您是会害您的。我也许不了解您现在困难到哪个地步，但我还是不能答应您。伯父，您要挺身接受您现在面临的苦难，必须承受得住才行。"

另外，我也觉得自己有些冷酷，但是当时的决断没有错。那位公司员工现在已是"京瓷"的干部，从事海外营业方面的工作，他的父亲从那以后也重新振作了起来。他还跟别人说，应该感谢我，多亏了那时我对他的帮助和鼓励。

为了让人生更幸福，为了让经营更出色，希望大家多行善事，多做对他人有益的事。

不要有感性的烦恼

过去的失败，反省之后就坚决把它忘掉

这是六项精进的最后一项。因为我自己年轻时有过各种各样的烦恼，所以才会觉得这一项也很重要。

担心、烦恼、失败等，是人生的常事。但是，覆水难收，总为已经发生的失败而悔恨，毫无意义。总是闷闷不乐会引起心病，接下来会引发身体上的毛病，最终给自己的人生带来不幸。不要让已经过去的事再困扰自己，心里要想着新的事情，要将新的想法转移到新的行动上去，这一点很重要。

要对过去的事进行深刻的反省，但不要因此在感情和感性的层面上伤害自己，加重自己的心理负担。要运用理性来思考问题，并迅速地将精力集中到新的思考和新的行动中去。我认为，这样做就能开创人生的新局面。

工作失败，我们会很失望，很懊悔。但是，无论失望也好，懊悔也罢，失败了的事情是不可能从头再来的。后悔、烦恼没有任何意义，这个道理即使明白，我们也仍然

会想："那一点当初如果做好了，就会如何如何……"等，照样后悔，照样烦恼，这个毛病一定要改。

已经发生了的事既然无法改变，就干脆把它忘掉，将全副精力投入新的工作中去，这是最关键的。

比如说，自己被卷入某个丑闻，遭遇道德和法律的追究，不但本人倒了霉，而且殃及了自己的父母、兄弟姊妹和自己周围的人。发生了这样的事，我们当然要深刻地反省，反省坏事发生的原因，然后从内心发誓，今后再不犯同样的错误，洗心革面，重新做人。这就行了，不要没完没了地折磨自己，长期活在名誉扫地和失败的阴影里，意志消沉，这是没有必要的。

因丑闻而名誉扫地，受到这种打击之后，有的人身心崩溃。丑闻发生的原因，是过去自己犯下的罪，也就是有"业"在身。这种"业"现在作为结果，遭到了周围人的责难。这时候，要充分反省，绝不让同样的事再次发生。与此同时，我们要反过来激励自己，让遭遇重创、心力交瘁的自己重新站立起来。

不管怎样失面子，都要拿出勇气正视现实，重整旗鼓。即使做了对不起家人、亲戚朋友，对不起公司的坏事，让自

已经发生了的事

既然无法改变，

就干脆把它忘掉，

将全副精力投入

新的工作中去，

这是最关键的。

己脸上无光，在社会上抬不起头来，在经过认真反省以后，也要鼓足勇气，在跌倒的地方爬起来，不要心灰意冷，一蹶不振。

是担雪老师的话拯救了我

二十几年前发生的因人工膝关节而受到媒体追究的事，至今让我印象深刻。

陶瓷与人的细胞具有亲和性。人的细胞对金属会产生排斥反应，却可以在陶瓷表面顺利繁殖。也就是说，它不讨厌陶瓷，却对金属敬而远之。

根据陶瓷的这种特性，在日本医学界医生们的支持配合下，我们用陶瓷材料研制成功了人骨的替代品。最初是牙科移植用品，我们与医学专家们一起研究开发陶瓷牙根，并成功地付诸实用。此后，为腰关节损伤、不能行走的患者，我们又开发出了人工股关节，得到厚生省的认可并开始销售。使用陶瓷材料可以减少摩擦，人工股关节的使用效果获得了众多医学专家的好评，当时他们要求我们，接下来一定要研制出人工膝关节。

虽然研制人工膝关节的呼声很高，但销售必须经过厚生省的批准，为此，必须进行临床试验，然后将有关数据提交给厚生省。然而，医生们都认为，陶瓷股关节效果非常好，已经积累了几百个成功病例，同样，用陶瓷制作膝关节不会有任何问题，如有问题，我们医生可以负责，为了那些因为膝关节不好而痛苦的人们，请你们尽快开发出新产品。我们公司的技术人员认为，既然如此，我们就应该研制人工膝关节，提供给患者使用。

与人工股关节一样，人工膝关节的效果也非常好，订制人工膝关节的要求源源不断，正当我们依照客户要求制作时，有人撰写了新闻稿投诉，报章杂志纷纷登载："'京瓷'在没有得到厚生省批准的情况下，销售陶瓷膝关节赚钱。在人命关天的医疗领域，为做生意而销售未经许可的产品，这样的企业太缺德了。"

这不仅有伤我个人的体面，而且媒体连日把矛头指向"京瓷"公司，指责我们为赚大钱不惜以病人为诱饵。我们也多次去厚生省说明解释，并认错道歉。每当此时，媒体的摄像机就摆开阵势，我低头道歉的样子连日出现在电视新闻中。在家族、公司员工以及周围的人群中我抬不起头来，我的名誉、诚信都受到了莫大的伤害。

我坐立不安，心里非常痛苦。那时，我想到了临济宗妙心寺派圆福寺的西片担雪老师（写这部书稿时他刚刚仙逝）。那天我去拜访他，喝着法师泡制的抹茶，我向他倾诉了自己的痛苦和委屈。

"稻盛君，之所以你会感受到这样的苦恼，那是因为你还活着。如果你死了，就没什么苦恼了。正因为活着才会有苦恼，这不是件好事吗？"

因为活着才会有苦恼，确实是这个道理，但是，他可是我非常敬仰的老师啊，这时候他这么讲，我觉得有些意外。现在回想起来，大概当时我也把自己的疑虑写在了脸上。

"稻盛君，虽然我不知道你过去积下了怎样的罪孽，但是，你积下的那些'业'现在以灾难的形式表现了出来。你现在倒霉，正是你过去犯下的罪孽所致，这是一种因果报应，当原因招致的结果发生时，原因也随之消失，就是'业'消失了。"

"如果这种报应严重到要剥夺你的性命，那么，你的人生就算告一段落，但是，稻盛君，你不是还活得好好的吗？'京瓷'也还是一派繁荣景象。因为人工膝关节的问题，你受到了严厉的批判，你感到痛苦和烦恼，但是，这种程度的挫折就能把事情了结，就能将你过去的罪孽一笔勾销，稻盛君，该庆祝一番才对啊！来来来，把酒斟满，让我们一起干杯！"

当时我想，我如此苦闷，你却讲这些，未免不近人情。可是，回家以后，我觉醒了，老师的话救了我。如果这种程度的灾难就可以消"业"，就能勾销我的罪孽，那么，我甘愿接受世间的非难和指责。接受就是一种忏悔，这是为了清除自己身上的污垢所必需的，当我意识到这一点时，我的心境豁然开朗，感觉浑身有了力量。

灾难的发生，是自己过去犯下的罪孽的报应，如果不殃及性命，到此为止，那反而是件值得庆贺的事。这样一想，摆脱烦恼，人就轻松了，可以将这事忘掉，转而在新的人生旅途上坚强地、满怀希望地走下去。

对挫折和灾难抱着上述正面的态度，才会有一个幸福的人生。我多次向大家讲过这些道理。

这些道理非常重要。估计今后经济的不景气将越发严重，应收账款无法回收，到手的支票不能兑现等，会发生各种纠纷或灾难。超越这些障碍，不让感性的烦恼困扰自己，向前看，坚强地活下去，这才是最重要的。

"六项精进"这个话题我过去阐述过。我年轻时讲解这个话题，是讲我当时的切身体验。现在之所以老话重提，是因为经济萧条正在向我们逼近。我觉得，这时重提我年轻时讲过的内容，是很有意义的。

希望大家务必学习并实践这"六项精进"，使经营更出色，让人生更精彩。

经营十二条的大智慧

第 4 章

- 明确事业的目的与意义

- 设定具体的目标

- 胸怀强烈的愿望

- 付出不亚于任何人的努力

- 追求销售额最大化和经费最小化

- 定价决定经营

- 经营取决于坚强的意志

- 燃起斗志

- 拿出勇气做事

- 不断从事创造性的工作

- 以关爱和诚实之心待人

- 保持乐观向上的态度

▍专家导读

这次金融危机对日本企业的打击是普遍而且沉重的。日本"盛和塾"每月一次的塾长例会，参加者从平时的四五百人增加到近千人，企业家塾生们都想当面请教稻盛先生如何应对经济危机。

稻盛先生反复强调，危机越严重，企业家越要认真实践"经营十二条"。这是为什么呢？

"经营十二条"是稻盛先生对自己的经营实践进行深入思考的产物，也是稻盛先生创建两家世界 500 强企业的行动纲领。它揭示了企业经营的规律，遵照它，经营就能成功；违背它，经营难免失败。

稻盛先生说，经营的成败取决于经营者的行动。如果经营者认真学习、果断落实"经营十二条"，经营者就会变得判若两人。经营者变，公司的干部就跟着变，公司的员工也跟着变。这样只要一年，你的公司就会变成一个高收益、快增长、了不起的优秀企业。

"盛和塾"的塾生企业家中，因切实执行"经营十二条"，而在一两年内迅速成长的企业，比比皆是。

有人说经营是一门技巧，有人讲经营是一项艺术，这类说法当然都有它的一面之理。但从"经营十二条"看，经营与经营者的人格、意志、精神之间的关系更为密切。与其说经营是技巧，与其说经营是艺术，不如说经营更是一种哲学，于是"经营哲学"这个说法应运而生。

事业持续成功是需要哲学的。稻盛先生既是企业家又是哲学家，从"经营十二条"中，我们可以进一步领略一个具备深刻哲学头脑的大企业家的睿智。

我们在"京瓷"发展壮大的过程中看到了"经营十二条"的威力，在企业克服经济危机的过程中"经营十二条"也将所向披靡。

提到经营，人们常常望而生畏，许多复杂因素相互交织在一起，似乎难上加难。或许是理工科出身的缘故吧，我却不把它想得太复杂，反而觉得相当简单。

研发者必备的能力是：将复杂现象简单化。复杂现象如果复杂地去理解，事情自然难办。如能将驱动复杂现象的原理提取出来，一切问题便能迎刃而解。

同样，如能领会经营之要谛，那么经营企业绝非难事。日本也好，中国也罢，都一样。以下要讲述的"经营十二条"，都是我在"京瓷"和"DDI"的经营实践中总结出来的，立足于"作为人，何谓正确"这一最基本的观点之上，所以我认为它超越国境、超越民族、超越语言差异，是普遍适用的。

1959 年"京瓷"创立时，只有员工 28 名，资本金 300 万日元，只是一家生产新型精密陶瓷零部件的小工厂。历经 50 年的奋斗，"京瓷"现在不仅生产各色精密工业陶瓷、电子和半导体零部件，还生产手机、复印机、照相机等，到 2001 年 3 月年度决算时，销售额已经约 1.1 兆日元，税前利润约 1300 亿日元。

"DDI"是响应日本电信事业自由化方针于 1984 年应运而

生的，起初开展长途电话业务，后来扩展到手机、PHS 等移动通信领域，到 2001 年 3 月年度决算时，销售额已经约 3 兆日元，销售利润 700 亿日元。

两者相加，年销售额约 4 兆日元，税前利润约为 2000 亿日元。

赤手空拳创业至今不过 50 年，发展到现在这个规模，可谓神速。我个人并无杰出才智，但是我忠实遵循了经营的基本原理原则，这就是我成功的原因。除此之外，我实在说不出还有什么别的像样的理由。下面就逐条讲解"经营十二条"原则。

第一条　明确事业的目的与意义

树立光明正大、符合大义名分的崇高目标

为什么要开展这项事业？这个企业存在的理由到底在哪里？当然各人有各人的目的，但必须加以明确。

有人为了赚钱，有人为了养家，这些并不错。但仅靠这些

目的，要凝聚众多员工，齐心协力办好企业，是不够的。

目的与意义必须是高层次、高水准的，换句话说，必须树立光明正大的经营目的。

要让全体员工与自己风雨同舟、共同奋斗，如果缺乏"大义名分"，事实上是行不通的。"原来我的工作有如此崇高的意义"这样的"大义名分"，如果一点都没有的话，人很难从内心深处产生必须持续努力工作的欲望。

我在创办"京瓷"时，就遭遇了"事业的目的究竟是什么"的重大考验。

当时的我还不懂这一条经营大原则。我当时的事业目的只是"运用自己的制陶技术，开发新品，借以问世"。

那时的日本世风，轻视技术，重视学历乃至学阀，对人的实际能力并不予以恰当评价。为此，我对自己初次就职的公司大失所望。因此，"理直气壮地向世人展现稻盛和夫的新型精密陶瓷技术"自然就成为经营的目的。一名技术员，一个研究者，有了自己的公司，终于可以将潜心钻研的技术成果发扬光大，当初的喜悦之情，难以言喻。

但想不到，创业后第三年，竟招致了青年员工们的"反叛"。

公司设立第二年，招进了10多名高中毕业生，他们经过一年的磨炼已成长为公司的生力军。有一天，他们突然持联名状，向我展开"集体交涉"。

联名状上写明每年最低工资增幅、最低奖金，而且要连续增长到将来等，要求我予以承诺并做出保证。

当初招聘面试时我曾明言："公司究竟能成何事，我自己也不知道，但我必定会奋力拼搏，力争办成一流企业。你们愿意到这样的公司来试试吗？"他们明白我的话，明白我事先并无承诺，但仅过一年，就递来联名状，并威胁说不答应条件就集体辞职。

新公司正缺人手，而且他们已是公司的生力军，如果他们走了，公司必遭损失。但如果他们固执己见的话，那也没办法，就算公司从头再来吧。我不肯妥协，明确答复道："不接受你们的条件。"

公司创办不足3年，我自己对公司的前途还没有十足的把握，对将来的描绘，只能停留在"全身心投入，总会有所成就吧"这样的程度。为了挽留他们，要做出缺乏自信的、违心的承诺，我做不到。

谈判从公司谈到我家，僵持了三天三夜，我这样对他们说：

"作为经营者我绝不能只为自己，我倾尽全力把公司办成你们从内心认可的好企业，这话是真是假，我无法向你们证实，你们姑且抱着'就算上当也试试'的心情怎么样，我拼上命也要把事业做成。如果我对经营不尽责，或者我贪图私利，你们觉得真的受骗了，那时把我杀了也行。"

这样熬了三天三夜，推心置腹，他们总算相信了我，撤回了要求，不但留下，而且加倍努力，埋首工作。

当时的那些"造反派"，后来陆续都成了"京瓷"的骨干，这是后话。但这一事件深深刺痛了我，让我意识到了企业经营的根本意义，成了我转变经营目的的契机。

此前的企业目的是"向世人展现技术"，对公司前景的展望，只不过停留在"只要废寝忘食地工作，总能解决温饱问题"这种水平之上。

我在七兄妹中排行第二，连乡下的亲兄弟尚且照顾不及，又怎能保证进厂不久的所有员工，包括他们亲属的终生幸福呢？

可是员工们却提出了这样的要求。这次艰难的交涉，让我从内心深处理解了员工们的愿望。我开始意识到企业经营应有的真正目的。这目的既不是"圆技术者之梦"，更不是"肥经营者一己之私腹"，而是对员工及其家属现在和将来的生活负责。

这次事件教育了我，让我明白了经营的真义是：经营者必须为员工物质与精神两方面幸福而殚精竭虑，倾尽全力，必须超脱私心，让企业拥有大义名分。

这种光明正大的事业的目的，最能激发员工内心的共鸣，获取他们对企业长时间、全方位的协助。同时大义名分又给了经营者足够的底气，可以堂堂正正，不受任何牵制，全身心地投入经营。

此后，我将"在追求全体员工物质与精神两方面幸福的同时，为人类和社会的进步与发展做出贡献"作为"京瓷"的经营理念。因为企业作为社会的一员必须承担相应的社会责任，所以这后一句也必不可少。

在追求全体员工
物质与精神两方面
幸福的同时，
为人类和社会的
进步与发展
做出贡献。

企业创建不久，就转变并明确了事业的目的与意义，明确了公司的经营理念，这真是幸事。而后 50 年企业所取得的一切发展，都不过是贯彻这一正确经营理念的必然结果。

第二条　设定具体的目标

所设目标随时与员工共有

比如企业今年的年销售额是 1 亿日元，明年要达到 2 亿日元，用具体的数字明确地表述目标。不光是销售额，包括利润、员工人数等涉及企业规模的项目，都要建立明确的目标，并用数字具体地表示出来。

而且必须在空间和时间上明确这种目标。

所谓空间上明确，即目标不是全公司的一个抽象数字，而是分解到各个部门的详细资料，最小的组织单位也必须有明确的数字目标，进而每一个基层员工都要有明确的具体目标。

所谓时间上明确，即要设定年度目标，而且要设定月度目标。这样各人就能掌握自己每一天的目标，明白自己每一天的任务。

每位员工努力完成任务，各个部门就能达成目标，公司整体目标也自然达成；如果每天的目标都能达成，日积月累，月度、年度的经营目标也自然能够达成。

另外目标明确，目标就可与员工共有。如果目标不明确，即经营者不能指明公司的前进方向，员工就会无所适从，或各行其是，行动就会缺乏整体性，结果力量分散，无法发挥出组织的合力。

我将此称为"统一方向"。经营者有明确的经营计划，并明示于员工，员工努力的方向便会与公司的方向相一致。

在经营这个领域，不少人主张必须依据企业经营战略，制订5年计划甚至10年计划等，但是我却认为无此必要。

我们公司基本上不制订中、长期计划，外界觉得难以理解。

比如长期计划，即使制订，要达成也几乎不可能。其间必有超出预想的市场变动，甚至不测的事态发生，计划本身就失去了意义，或向下修正，或不得不放弃，这类情况司空见惯。

不严肃的、无把握兑现的所谓计划，以不制订为好。员工见多了这样的计划，会产生"反正完不成也没关系"的想法，甚至漠视计划。一旦经营者再次提出经营目标，员工反而会失去向更高目标挑战的热情。

更糟糕的是，销售目标没达成，费用和人员倒按计划增加了，即销售额减少，费用增加，从而使经营陷入举步维艰的窘境。

因此"京瓷"从创立起，一向只制订年度经营计划。3年、5年后的事，谁都无法准确预测。但一年的话，还是能基本看清楚的。

然后将年度经营计划细分，变为每一天的目标，千方百计，不达不休。

通过一天的努力，完成当天的任务，就能明确第二天的任务；通过一个月的努力，完成当月的任务，就能明确第二个月的任务；通过一年的努力，完成当年的任务，就能明确第二年的任务。日复一日，扎扎实实完成每一天的目标，至关重要。

不严肃的、
无把握兑现的
所谓计划，
以不制订为好。

经营顾问们对此不屑一顾，他们异口同声地说："这岂能成大事！"但是，我坚持设定每年的短期具体目标，付诸实行并完成。接着设定下一阶段的短期明确目标，再实行，再完成。周而复始，贯穿始终，就这样使事业年年岁岁增长发展不停。在萧条时更应该设定具体的目标。

萧条时订单骤减，继续减下去将无活可干。所以必须尽力争取有可能获得的订单，并为此设定具体的目标。可以采取自上而下的办法，经营者如果决定要做的话，就要与员工沟通，与员工共有这一目标，让员工心悦诚服地说道："社长，你说得对！我们与你一起，为实现目标共同奋斗。"正因为处于萧条期，所以必须设定具体的目标并与员工共有。

第三条 胸怀强烈的愿望

要怀有能够渗透到潜意识中的强烈而持久的愿望

我相信境由心造，心中的蓝图定能实现。

就是说，"无论如何也要达成目标"这一愿望的强烈程度，就是事情成败的关键所在。

"无论如何也要

达成目标"

这一愿望的强烈程度，

就是事情成败的

关键所在。

为经营课题以及各种问题所困扰，苦闷彷徨，是经营者的家常便饭。聚精会神于悬案、难案，不分昼夜，废寝忘食，持续地将思维聚焦于一点，直至突破。能否做到这一点，是决定事业成败的分水岭。

这一条涉及胜负成败，可见其重要性。从这个意义上，我把它作为经营第三要谛列出，而将副题定为"要怀有能够渗透到潜意识中的强烈而持久的愿望"。因为一旦驱动潜意识，就更能有效地扩展经营。

什么是潜意识？

人的意识，有显意识和潜意识之分。显意识是觉醒着的意识，是可随意运用的意识。而潜意识通常则沉潜于显意识之下，是不能人为控制的意识。

按照心理学家的说法，潜意识所持的容量，比显意识不知要大多少倍。据说我们人从生到死，整个过程中的一切体验、见闻、感触，都蓄积于这潜意识之中。

我们日常生活中就有驱使潜意识的实例。比如学骑自行车，"手握把，脚踩蹬，保持身体平衡"，我们先用头脑来理解这套操作要点，即运用显意识，将它集中于骑自行车这一行为。

但熟练以后，无须有意识地运用操作要点，一边思考别的事，照样可以骑得平稳自如。为什么？因为潜意识在活动，在帮我们的忙。

据说有两种办法，可以运用潜意识。

一种办法是接受强烈的冲击性刺激。受到沉重打击时的、刻骨铭心的体验，会进入潜意识，并不断返回显意识。

据说人在临死之前，过去的事情会犹如走马灯一般在脑海中浮现。零点几秒的瞬间，一生的经历就像电影似的在脑海中一一闪现。

就是说，储存于潜意识中的记忆，在直面"死"这一重大事变时，就与显意识联结，而显现出来。

但是人们不想死，不希望获取这样的经验。

第二种办法是重复相同的经验，相同经验的重复使运用潜意识成为可能。

比如"销售额要多少""利润要多少"，这样的目标，从早到晚，夜以继日，反复思考，这种强烈的、持久的愿望就可以渗透到潜意识之中。

经营者总是很繁忙，不可能 24 小时只想一件事，但因为"销售额必须达到多少"这一目标已渗透到了潜意识之中，即使你在思考别的问题，必要时它也会跑出来，给你达成目标的启示。

比如有人想开拓新事业，手下又缺乏具备这方面专业知识和技术的人才。但如果抱有"无论如何非做不可"的强烈愿望，每天反复在头脑中模拟演练，这愿望便能渗透到潜意识之中。

某日，我在酒店小酌，忽然听到邻桌陌生人说话，所言极像我所思考的开展新事业的专业人才。于是立即起身请教："对不起，听您刚才的话……"，不知不觉就攀谈起来，感觉是一见如故。之后，此人便加入了本公司，使得新事业以此为契机得以启动并一举展开。这类事我经历过多次。

这种场合，原本不过是隔桌饮酒，萍水相逢。然而，强烈的愿望既已渗透到潜意识之中，即使在不经意之间，也能将偶然的邂逅变为良机，促使事业成功。这是潜意识的功劳。

但进入这一境界之前，必须有一个反复不断的、全身心投入并持续驱动显意识的过程。如果对要做的事，不肯深思，甚至朝秦暮楚，或淡然处之，那它决不会进入潜意识中。只有怀有强烈而持久的愿望，才可能驱动潜意识为您效劳。

50年前赤手空拳地创建"京瓷"时，面对仅有的28名员工，我总是重复这样的话："让我们拼命干吧，我们要创造一个卓越的公司，镇上第一的公司，不，京都第一的公司，日本第一的公司。"

每晚加班到深夜，厂门口，总有叫卖面条的小贩应时而来，我和员工们总是边吃夜宵，边谈论未来的梦想，那情景至今历历在目。

资金、设备、技术、人才，在什么都缺的状况之中，我却一味热衷于对员工们讲述将来之梦。如果以员工的立场冷静地直面现状的话，我的理想简直荒唐无稽，不过是经营者的戏言而已。

其实诉说梦想的经营者，即我自己也不免半信半疑，"这果真行吗？"我清楚我的话并无足够的说服力。

但是，朝也说晚也说，一遍又一遍，在反复倡导间，员工们和我自己不知从何时起竟也相信这一梦想定能实现，并且朝着这个目标，众志成城，不惜一切努力去实现。

要实现高目标，就必须怀有强烈而持久的愿望。期待各位经营者，在经济萧条的情势中，明确各自的高目标，并怀抱不达目标、誓不罢休的强烈而持久的愿望，把目标变成现实。

第四条　付出不亚于任何人的努力

一步一步、扎扎实实、坚持不懈地做好具体工作

成功无捷径，努力才是通往成功的光明大道。"京瓷"一年跨一步，仅用50年就成长发展到现在的规模，除了"努力"，别无他途。但是，这个"努力"不是普通一般的努力，而是"不亚于任何人的努力"。

"不亚于任何人"这几个字，才是事情的本质。不付出这种程度的努力，绝无企业今日的繁荣。

"京瓷"创业之初，既无足够的资金和设备，又无经营的经验和实绩，唯一的资本只有无穷尽的努力，真可谓是夜以继日、不分昼夜地努力工作。

每天忙得连何时回家、何时睡觉都不知道。不久大家就筋疲力尽，"照这样拼命，身体能吃得消吗？"员工中传出这样的声音。

我的生活也毫无规律，睡眠严重缺乏，而且不能按时吃饭。有时想，长此以往，恐怕真的难以为继。我召集干部开会，这样说：

"我虽不太懂企业经营是怎么回事，但可以把经营比作马拉松，是长距离、长时间的竞赛。我们是初次参赛的非专业团队，而且起步已晚。包括大企业在内的先头团队已跑完了全程的一半。反正我们是无经验、无技术的新手，出发又晚，倒不如一上场就全力疾驰。

"大家会说，这样蛮干，身体会垮。说得没错，要用百米赛跑的速度，一口气跑完42.195公里的马拉松全程，当然不可能。但新手迟发又慢跑，就更加毫无胜算，我们至少得尽力奋起直追。"

我就这样说服了员工，自创业以来，始终"全力疾驰"，一刻不停，发展再发展。至今难忘公司股票上市当日的情景，全体员工聚集在工厂空地上，我禁不住热泪盈眶，哽咽着说了以下这段话，记忆之清晰，犹如昨日：

"以百米赛跑的速度去跑马拉松，或许会中途倒下，或许会因跑不动了而落伍。大家这么讲过，我也这么想过。但是，与其参加没有胜算的比赛，不如一开始就全力以赴，即使无法长时间地坚持，也要挑战一下。幸运的是，在不知不觉中我们居然适应了高速度，并用这种高速度一直跑到了今天。

"跑着跑着，发现前面的人速度不快，于是再加速，超越了他们，现在我们已经赶超了第二集团，先头团队已进入了我们的视野，让我们继续加油，追上先头团队！"

用跑百米的速度跑马拉松，这样的努力才配称"不亚于任何人的努力"。

如果问诸位经营者，"你们努力吗？"大家会答道，"我们尽了自己的努力。"但是企业经营就是竞争，当竞争对手比我们更努力时，我们的努力就不奏效，我们就难免遭受失败和衰退。

用跑百米的速度
跑马拉松，
这样的努力才配称
"不亚于任何人的
努力"。

仅仅是"尽了自己的努力"这样的程度，公司是不可能发展的，必须付出"不亚于任何人的努力"。

另外，千万不可忘记任何伟大的事业，都是一步一步、踏实努力积累的结果。

"京瓷"创建时，为日本某大型电器公司生产电视机显像管所用的精密陶瓷部件。因为精度高，工艺困难，当时全日本只有"京瓷"能做。尽管如此，一个部件只卖9日元，单价极其便宜，但客户的订货量却是以数万个为单位的。

精密陶瓷部件所用的材料虽然先进，但同陶瓷器皿的烧制一样，生产过程很普通。只是将原料粉末成型凝固后，放进炉里高温烧结。这样的作业周而复始，循环不息。

当时我常想，只卖9日元的廉价产品，只是作为大公司的加工承包工厂，只是一味地努力生产，怎么可能变为大企业呢？

但是揭开迄今为止大企业的成长发展史就会发现，他们都是从小事业开始，点滴积累，不断创新，踏实努力，坚持不懈，才有了后来的辉煌。一开始就想抓住大商机，或想靠偶然的生意来发财，都是靠不住的，而且都不可能长久。

企业经营无难事，只要认真务实、精益求精、持之以恒，如此而已。

在经济萧条的今天，更要付出不亚于任何人的努力。为了克服当前的困难，经营者必须率先垂范，必须废寝忘食地工作。

没有订单，企业陷入窘境，作为社长，我四处奔走，踏实努力，但一切于事无补，只是杯水车薪罢了，所以就想放弃。但事实上，哪怕是杯水车薪，也必须脚踏实地，付出不懈的努力。

希望各位经营者能够理解，只要 1 年 365 天，不间断地付出"不亚于任何人的努力"，诸位的公司定能成为自己想象不到的伟大企业，诸位的人生也会更充实、更美好。

第五条　追求销售额最大化和经费最小化

利润无须强求，量入为出，利润随之而来

"京瓷"开始运作时，我没有经营经验及知识，对企业会计一窍不通，当时是请外部公司派来的财务课长协助处理会计事务的。

一到月底，我就抓住他问："这个月怎么样？"对方夹杂许多会计专业术语的解答，令技术出身的我十分头痛。

我忍不住说："如果销售额减去经费，剩余的就是利润的话，那么，只要把销售额增加到最大，把经费压缩到最小，不就行了吗？"估计那位课长当时也吃了一惊。从那时起，我就把"追求销售额最大化和经费最小化"作为经营的大原则。虽然这是一条非常简单的原则，但只要忠实贯彻这一原则，"京瓷"就可以成为高收益体质的优秀企业。

作为经营常识，一般人认为销售额增加，经费必然随之增加。但这是不对的，只有摆脱"销售额增加，经费也随之增加"这一常识，为追求"销售额最大化和经费最小化"，开动脑筋，千方百计，才会从中产生高效益。

为追求

"销售额最大化和

经费最小化",

开动脑筋，千方百计，

才会从中产生高效益。

举例来说，假定现在的销售额为 100，为此需要现有的人员及设备，那么当订单增至 150 时，按常理，人员、设备也要增加 50% 才能应付生产。

但是，做这样简单的加法是绝对不行的。订单增至 150，通过提高效率，本来要增加 5 成人员，压到只增加 2～3 成，以此来实现高收益。

订单增加、销售额提高，公司处于发展期，正是进行合理化建设，提高效率，使企业变成高收益企业千载难逢的好机会，可是大多数经营者却在企业景气时放松管理，"坐"失良机。

"订单倍增，人员、设备也倍增"的加法经营很危险。一旦订单减少，销售额降低，经费负担加重时，企业立刻就会转为亏损。

贯彻"销售额最大化和经费最小化"原则，必须建立一个系统，使每个部门、每月的经费明细都一目了然。

"京瓷"创业不久，就引入了被称为"阿米巴经营"的管理系统。

同一般财务会计不同，这是经营者为便于经营而应用的一种管理会计手法，"阿米巴"是由几个人至十几个人组成的小集体（可按需要随时进行重组），"京瓷"现有1000多个这样的小集体，构成了一个经营系统。所谓"阿米巴经营"，就是计算出每个"阿米巴"的单位时间附加价值。简单地讲，就是从每个"阿米巴"的当月销售额中减去所有当月经费，剩余金额除以当月总时间所得的数字，作为经营指标，我们称之为"单位时间核算制"。

"京瓷"就依据"单位时间核算制"，在月末进行结算，于次月初公布各部门的实绩。只要细看"单位时间核算表"，"这个部门推出了这个产品，而那个部门没有取得客户订单"之类的有关情况就能一清二楚，便于经营者迅速做出判断并采取对策。

另外，为将经费压缩到最少，"单位时间核算表"把经费科目细分，比一般会计科目分得更细，构成所谓的实践性经费科目。比如不是笼统地列出一项"水电煤费"，而是将其中的电费、水费、燃气费项目分别列支。

这样做，从事实际工作的员工就能一目了然，并可采取具体行动来削减经费。看了细分后的核算表，"啊，这个月电费花多了。"现场负责人就能掌握经费增减的原因，便于切实改进。

在日本常有一种说法"中小企业似脓包，一旦变大便破碎"，说到底，就是因为没有采用上述有效的管理会计方法。公司规模尚小时姑且不谈，如果规模扩大后仍做笼统账，那么任何人都无法准确地掌握经营的实态。当然一般的会计处理总要做，但起不到任何实际作用，因为经营者无法从中掌握经营实况，无法及时采取有效措施，企业效益自然上不去。

"京瓷"自创立以来，经常利润率始终保持在两位数，有时甚至超过40%，总销售额已接近1兆日元大关。

持续数十年实现高效益，最大的原因就在于忠实贯彻了"追求销售额最大化和经费最小化"的经营原则，构筑了让经营者可以准确掌握经营实况的管理体系，并使该系统得以有效运行。这是最重要的原因，至于"京瓷"拥有其他公司所无法仿效的独创技术，倒是其次的原因。

第六条　定价决定经营

定价是领导的职责。价格应制定在客户乐意接受、公司又能够赢利的交汇点上

以前，在选聘"京瓷"董事时，我希望录用有商业头脑、懂生意经的人才。为此出了个考题："如何经营拉面夜排档"，在中国相当于"如何经营面馆"。我提供给候选人购置面馆所需设备的资金，让他们做面条生意，几个月后，看他们赚了多少，从而用这个办法通过竞争来选拔人才。为什么出这个考题，因为如何做面条生意，包含了经营的所有内容。

首先，想卖叉烧面，那么，是用鸡骨汤还是排骨汤，用机制面还是手拉面，叉烧要放几块，要不要加葱等，有各种各样的选择。也就是说，小小一碗面条可以千差万别，经营者不同，做法也会完全不同。其次，面馆设在哪里，营业时间怎么定，是开在闹市区以醉酒客为对象，还是开在学生街瞄准年轻人，如何决定就体现出当事人的商业才干。最后，在这些都决定后，在此基础上如何定价呢？如果开在学生街，就要薄利多销；如果开在闹市区，不妨做高档美味拉面，即使定价高，卖得少些照样可以赢利。

如何做面条生意，浓缩了经营的各种要素，仅从如何定价一条，就可以判断出一个人是否具备商业才干。

我曾想用这道题目，考验候选者有无商才，为选聘董事把关。但因实施方面有难度，所以没有推行。但我并不是开玩笑，定价事关生死存亡，定价决定经营。

给产品定价，有各种考量。是低价、薄利多销，还是高价、厚利少销，价格设定有无数种选择，它也体现了经营者的经营思想。

价格决定以后，究竟能卖出多少量，获得多少利润，极难预测。定价过高，产品滞销，定价过低，虽然畅销，却没有利润。总之，如果定价失误，那么企业将蒙受巨大的损失。

在正确判断产品价值的基础上，寻求单位利润与销售数量的乘积为最大值的一点，据此来进行定价。我认为，这一点应该是顾客乐意付钱购买的最高价格。

真正能够看清、看透这一价格点的不是销售部长，也不是营业担当，而非经营者莫属。可以说，这是定价的普遍原则。

但是，即使以该价格卖出了，也未必意味着经营就一定一帆风顺，即使以顾客乐意接受的最高价格售出了，却仍然没有获利，这种情形屡见不鲜。问题的关键在于，在已定的价格下，怎样才能获取利润。

以生产厂家为例，如果跑销售的员工只知道压低价格来获取订单，那么制造部门再辛苦也无法获利，因此必须以尽可能高的价格推销，但是价格确定后，能否获利，就是制造方面的责任了。

但是，一般的厂家往往是以成本加利润来确定价格的，日本的大企业大多采用这种成本主义的定价方式。但在激烈的市场竞争中，售价往往是由市场事先决定的。成本加利润所确定的价格，因为偏高而滞销，不得已而降价，预想的利润化为泡影，企业极易陷入亏损。因此，我给技术研发人员这样定位："你们或许认为，技术员的本职工作就是开发新产品和新技术。但是我认为，这还不够，只有在开发的同时认真考虑降低成本，才有可能成为一个称职的、优秀的技术员。"

必须在深思熟虑后确定的价格范围之内，努力获取最大利润。为此，"需要耗费多少材料费、人工费、各类经费"，诸如此类的固定观念或常识统统抛开，在满足质量、规格等一切客户要求的前提下，必须千方百计，彻底降低制造成本。"定价""采购""削减生产成本"这三者必须连动，"定价"不可孤立地进行，也就是说"定价"即意味着必须对降低采购成本及生产成本负责。价格之所以要由经营者亲自决定，理由就在于此。这就是说，在决定价格的瞬间，必须考虑降低制造成本。反过来讲，正因为对降低成本做到了心中有数，所以才能正确地定价。因此，如果让缺乏战略意识的营业担当来决定价格，必出乱子。

曾经听过许多经营者抱怨道："生意做大了却仍赚不到钱，还是恶战苦斗。"原因大多在于定价不当。

定价决定经营，定价是经营者的职责，进一步讲，定价是否合理甚至还体现了经营者的人格。

第七条　经营取决于坚强的意志

经营需要洞穿岩石般的坚强意志

可以说经营等于经营者的意志本身。一旦确定目标，无论发生什么情况，一定要实现此目标，这种坚强的意志在经

"定价"即意味着
必须对降低
采购成本及
生产成本负责。

营中是不可或缺的。越是艰苦，越是萧条，经营就越需要坚强的意志。

但是，不少经营者眼看目标完不成，就寻找借口，或修正目标，甚至将目标、计划全盘取消。

经营者这种轻率的态度，不仅使实现目标变得根本不可能，甚至会给予员工极大的消极影响。

我对这一点的深刻体验，是在"京瓷"股票上市之后。企业一旦上市，就必须公开发表公司下一年度的业绩预报，对股东做出承诺。但许多日本经营者往往以经济环境的变化为由，毫无顾忌地将预报数字向下调整。但是在同样的经济环境下，有的经营者却能出色地完成目标。我想，在环境波动频繁又剧烈的今天，经营者如果缺乏无论如何也要达到目标、履行承诺的坚强意志，那么经营将难以为继。

一味地让经营去"迎合"环境或情况的变化，结果往往会不妙。因为向下调整过的目标，一旦遭遇新的环境变动，就不得不再次向下调整。一遇到困难就打退堂鼓，必将完全失去投资者和企业员工的信赖。所以，既已决定"要这么做"，就必须以坚强的意志贯彻到底。

还有一个要点，虽然目标体现了经营者的意志，但是必须获得员工的共鸣。起初是经营者个人的意志，但随后需要让全体员工发出"那么让我们一起干吧"的呼声才好。

换言之，体现经营者意志的经营目标必须成为全体员工的共同意志。员工一般不会主动提出需要自己付出艰辛努力的高目标，决断需要由经营者来做出。但自上而下的高目标，需要自下而上的响应。做到这一点其实并不难，比如事前可以先讲一番激励的话："咱们公司前景光明，虽然现在规模还小，但大家可以期待将来取得的巨大发展。"然后举办恳谈宴会，酒过三巡后提出："今年我想把营业额翻一番。"先让身旁坐着的那些办事差劲、却善于揣摩上司心理的家伙表态："社长，说得对！干吧！"于是那些脑子好使、办事利索但冷静过度的人就难以启齿。不然的话，一听到高目标，他们就会泼冷水说："社长，那可不行，因为……"，说出一大套行不通的理由。但这时的气氛已经让那些持消极态度的人不便反对，甚至会在不知不觉中随声附和。这样，高目标往往就在全员赞同之下得以通过。

经营也是一门心理学。即使是低目标，如果让"消极派"先发言，他们也会说"难，不可能完成"。因此造成气氛消沉，经营者期望的高目标就有可能落空。

体现经营者
意志的经营目标
必须成为
全体员工的
共同意志。

我认为，一定要设定高目标，然后向高目标发起挑战。当然，如果目标过高，连续一年、两年，甚至三年都完不成的话，这一目标就成了水中月和镜中花，而且还会带来今后谁也不会认真理会经营者所提出的经营目标的副作用。

尽管如此，还是要设定高于上一年度的经营目标，否则不足以激发员工的士气，公司就会失去活力。

下面的办法不可常用，但在"京瓷"规模还小的时候，我采用过。

"瞄准月销售额10亿日元，完成了，全员去中国香港旅游；完不成，全员去寺庙修行。"在能否完成目标的关键时刻，我曾经这样宣布。

结果大家干劲十足，出色地完成了任务。我也兑现了自己的承诺，租了包机，让全员赴港旅游3天，我也借此又与员工进一步增强了一体感。

总之，就是要想方设法鼓励员工，使经营目标与员工共有，从而实现它。但是重要的不是手腕，而是经营者必须想尽各种办法，抓住一切机会，直率地将自己的想法传递给员工。

有一年年终，我发高烧，但仍 50 多次连续参加所有部门的辞旧迎新"忘年会"，在会上不遗余力地阐述对明年事业的展望与构想，以求获得全体员工的理解和协助。讲尽自己想要说的话之后，我已感觉浑身虚脱，似乎已经把自己的全部能量原封不动地转移给了员工。"能量转移"这个词用在这里，恰到好处。

我就是这样尽最大努力，使经营目标与员工共有。如果能够鼓舞员工的热情，朝着体现经营者意志的经营目标奋进，那么企业的成长发展将势不可挡。

第八条　燃起斗志

经营需要昂扬的斗志，其程度不亚于格斗

格斗所需要的斗志，在经营中也必不可少。性格温顺、不善于吵架的人，应该趁早把社长的交椅让给斗志昂扬的人。

不管说得多么动听，经营毕竟是弱肉强食，是企业之间激烈的竞争。哪怕是只有两三名员工的小企业，经营者如果缺乏"斗魂"，不能为保护员工而发挥昂扬的斗志，将必败无疑。

经营需要

昂扬的斗志，

其程度

不亚于格斗。

另外，随着企业的成长发展，竞争对手往往会虎视眈眈。这时为了保护企业不受侵犯，就需要有格斗士一样的斗志，需要有压倒敌手的大无畏的气魄。

所谓斗志，并不是表现粗野，也不是张扬暴力，而是拥有像母亲保护孩子时不顾一切的勇气。

当老鹰袭击幼鸟时，母鸟会奋不顾身地冲向强大的敌人。为了保护自己的孩子，即使是小动物，也会突然表现出惊人的勇气和不可思议的斗志。

经营者在履行使命的时候，少不了这样的斗志。平时柔弱，不会吵架，看不出有什么斗志，但是作为经营者，为了保护广大员工，一旦面临危险，应该立即挺身而出。如果没有这种气概，经营者就不可能赢得员工们由衷的信赖。

这种英勇气概，来自强烈的责任感。无论如何也要保护企业，保护员工，这种责任心，使经营者变得勇敢而且坚定。

现在的日本，为抵御外"敌"而保护企业与员工的经营者是少见的，相反，只知明哲保身的经营者却很多。我们看到，诸如大公司或银行这样有巨大社会影响的企业，在发生了丑闻后，经营者往往推卸责任，而让部下引咎辞职。这是因为选错了领导者。挑选经营者不应该只看能力，应该把有斗志，也就是为了保护企业、保护员工，哪怕粉身碎骨也在所不惜的人，选作经营者。

第九条　拿出勇气做事

不能有胆怯的举止

为什么需要勇气？首先，对事物做出判断时需要勇气。以纯洁的动机，依据正确的原则，去判断事物，经营企业，照理应该不会发生问题。但在实际操作过程中，却会遭遇各种阻力。比如要购买某块工厂用地，有时不得不同当地有影响的政治家甚至地头蛇打交道。这时候，是坚持以正确的原则作为判断基准，还是以追求稳妥作为判断基准，就要考验经营者是否真有勇气了。

即使受到威胁，受到中伤和诽谤，即使面临损失或灾难，仍然毫不退缩，坦然面对，坚持原则，坚决做出对公司有利的判断，这就需要真正的勇气。

如果一味担心坚持原则会遭人耻笑，或受到坏人的威胁，或受到朋友的误解，顾虑重重，就无法做出正确的经营判断。本来很简单的问题就会变得错综复杂，变得难以解决。所有这些，都是经营者缺乏必需的勇气所致。

依据原理原则做出正确的决断必须要有勇气；反之，缺乏勇气的人不可能做出正确的决断。

如果经营者缺乏勇气，胆小怕事，临阵退却，那么会立即遭到部下的轻视，失去员工的信任。同时员工也会上行下效，不以胆怯为耻，紧要关头，妥协退让，丧失立场。

勇气又可称为"魄力"。东方古典著作中有所谓"知识""见识""胆识"的说法。

所谓"知识"是指各种信息，指理性上了解这些信息。知识丰富看似很博学，但是，许多所谓的"知识"往往并没有多大的实际价值。应该把"知识"提升到"见识"的高度。所谓"见识"，就是在对"知识"的本质真正理解之后，自己内心产生的一种坚定的"信念"。

具备"见识"是成为经营者的先决条件。有人说公司的二把手，只要有"知识"就行，不必强调"见识"。但是，公司的一把手即经营者，因为要做出决断，就必须具备"见识"，即具备"信念"，否则就不可能对事物做出正确而恰当的判断。

但是真正的经营者还必须具备"胆识"。所谓"胆识"，是"见识"加上"魄力"，或者说加上"勇气"。如果具备了产生于灵魂深处的坚定不移的信念，具备了彻底贯彻正确信念的、顶天立地的大无畏气概，那么经营者就敢于面对一切障碍，做出正确判断，坚决实行，在风浪中勇往直前。

有时经营者不得不遭遇极为棘手、极为难堪的局面，沧海横流，方显英雄本色。越是凶险的关头，越能考验经营者的勇气。

希望大家都能具备"胆识"，即发自灵魂深处的勇气，从而在各种情况下都能做出正确的判断。

沧海横流，

方显英雄本色。

越是凶险的关头，

越能考验

经营者的勇气。

第十条　不断从事创造性的工作

昨天胜过前天，今天胜过昨天，不断琢磨，不断改进，精益求精

曾获得"普利策奖"的美国新闻界代表人物戴维·哈伯斯塔姆（David Halberstam）先生，在其所著的《下一世纪》一书中，有一章开头就引用了我的一段话："我们接着要做的事，就是人们认为我们肯定做不成的事。"

事实上，"京瓷"过去做的也是当时人们认为做不到的事。开发新型陶瓷，把它作为新型工业材料，将它发展成数兆日元规模的新兴产业，在此之前，人们觉得这是不可思议的事。

充分利用新型陶瓷的优良性能，进一步开发出半导体封装件，促进了计算机产业的蓬勃发展。同时又开发出人造骨、人造牙根等用于生物体的新产品，开拓出一个精密陶瓷新应用的产业领域，甚至被誉为创造了又一个"新石器时代"，对社会贡献之大不言而喻。

"京瓷"为什么会拥有如此强大的创造性，许多日本的经

营者把原因归结到"京瓷"的技术开发实力上。对照自己，他们会说："我们公司缺乏那样的技术，无法取得发展也是不得已的事。"

我认为这种观点站不住脚。没有哪一家公司天生就有杰出的技术，先进技术不是从天上掉下来的，只有琢磨钻研，精益求精，不断改进，不断创新，今天胜于昨天，明天超越今天，天天进步，日积月累，从中才能产生独创性的技术和经营。

我常以清洁工作为例来说明这个道理。

清洁工作似乎很简单，没有什么创造性可言。但是，不要天天机械地重复单调的作业，今天这样试试，明天那样试试，后天再别样试试，不断思考清扫方法，不断提高清扫效率，一年 365 天孜孜不倦，每天进行一点一滴的改进。长此以往，即使看似简单的工作，也会产生很有价值的创新。

一天的努力，只有微小的成果，但是锲而不舍地进行改良和改善，一年之后就可能带来显著的变化。不仅是清洁工作，企业里各种工作，营销、制造、财务工作等都一样。这个世界上划时代的创造发明，无一不是在这样踏踏实实、勤勤恳恳、一步一步努力的积累中产生出来的。

"不能每天以同样的方法重复同样的作业，要不断有所创新。"经营者应该把这句话作为公司的方针，明确地提出来，而且经营者要率先做出榜样。这样经过三四年，企业就能具备独创性，就能进行卓有成效的技术开发。

今日的"京瓷"已在广阔的领域内展开多元化经营，但是当初，我只具有无机化学这一狭小范围内的专业技术。也就是说，独创性的产品开发和独创性的经营，"京瓷"开始时也没有，认真追求，不懈努力，才会"无中生有"。

我经常与员工阐述一个"将来进行时"的观点，不是以现有的能力决定将来能做什么，而是现在就决定一个现有能力达不到的高目标，并决定在将来某个时点达成它。

瞄准这个目标，通过顽强的努力，不断提高自身的能力，提高到在将来某个时点能够实现既定高目标的高度。如果只以现有能力来判断今后能做什么，不能做什么的话，就根本无法开拓新事业。现在做不成的事，今后无论如何也要把它做成，抱有这种强烈的使命感，才可能开辟一个新时代。

"将来进行时"的
观点，不是以现有的
能力决定将来
能做什么，而是现在
就决定一个现有能力
达不到的高目标，
并决定在将来某个
时点达成它。

在萧条中飞跃的大智慧

第十一条　以关爱和诚实之心待人

买卖各方都得利，皆大欢喜

这里所说的关爱之心，又可称作"利他"之心。也就是说，不只是考虑自身的利益，也要考虑对方的利益，必要时，即使自我牺牲，也要为对方尽力。我认为即使在商业世界中，具备这种美好的心灵也是最重要的。

但是，许多人认为，"关爱""利他"这类说法，在竞争残酷的商业社会，事实上很难推行。为了说服他们，为了说明"善有善报"的因果法则在企业经营的领域内同样存在，我想举出下面的实例。

"京瓷"在美国有一家生产电子零部件的子公司，名叫AVX公司。那还是多年以前的事，当时AVX公司在电容器领域处于世界领先地位。为了把"京瓷"发展成综合性的电子零部件企业，需要AVX公司加盟。基于这种判断，我向AVX公司的董事长提出了收购该公司的要求。

这位董事长爽快地答应了。收购采取了"股权交换"的方式。当时AVX股票在纽约证券交易所的交易价格为20美元，我们决定以高出 50% 的价格，即 30 美元与在同一交易所上市的、时值 82 美元的"京瓷"股票进行交换。

但对方董事长立即提出 30 美元的价格仍然偏低，要求再提高价格，希望以 32 美元成交。当时我们"京瓷"的美国公司的社长以及律师都表示强烈反对，他们认为轻易答应这类要求，在今后的收购谈判中对方会得寸进尺，对"京瓷"不利。但是，我却认为，这位董事长要对他的股东负责，对他而言，即使提高 1 美元也是理所当然的，他的要求应予以理解，于是同意了对方的要求。

然而，当双方股票正要实行交割时，纽约证交所道琼斯指数大幅下跌，"京瓷"股票也跌了 10 美元，变成了 72 美元。看到这种情况，对方董事长又提出要求，把原定的 82兑 32 的交换条件改为 72 兑 32。

通常人们会认为，如果是因为"京瓷"业绩下降引起股票下滑，当然"京瓷"应该负责，但现在的情况是股市全盘下跌，改变交换比率完全没有必要。"京瓷"一方的有关人士异口同声地主张驳回对方的要求。

但是，我还是再次接受了于己不利的变更条件。这既不是出于什么算计，也不是感情用事。收购合并是两种文化完全不同的企业合二为一，是企业与企业结婚，应该最大限度地为对方考虑。

收购之后，"京瓷"股票一路上扬，AVX 公司的股东获利丰厚，他们的喜悦之情感染了公司员工。一般而言，被收购企业的员工对收购方总是抱有抵触和不满的情绪，但 AVX 的员工们却因为"京瓷"接连表现出的高姿态，从一开始就能友好交流，而且很自然地接受了"京瓷"的经营哲学。

经过这段经历之后，收购后的 AVX 公司不断发展壮大，不到 5 年，在纽约证交所再次上市。在再上市的过程中，"京瓷"通过出售股票获得了丰厚的回报。

20 世纪 90 年代，许多日本公司收购了美国公司，但后来由于亏损，而不得不纷纷撤资或出售，像"京瓷"收购 AVX 公司这样的成功案例极为罕见。

我认为，他们的失败和 AVX 公司的成功之间，最大的差距在于，是只考虑自己的利害得失，还是真正地为对方着想。这种"心灵上的差异"，也就是不同的想法，带来了不同的结果。

中国古语里说："满招损，谦受益。"尊重对方，为对方着想，也就是"利他"的行为，乍看似乎会给自己带来损害，但从长远来看，一定会给自己和他人都带来良好的结果。

在严峻的环境中，经营需要燃烧般的斗志、滴水穿石般的意志、真正的勇气和强烈的愿望，但与此同时，经营者的心灵深处应该充满同情和关爱，同时还必须保持诚实和正直，在经营过程中希望大家始终不忘关爱和诚实。

第十二条　保持乐观向上的态度

抱着梦想与希望，以诚挚之心处事

不管处于何种逆境，经营者必须始终保持开朗的、乐观的心态，这已成为我的信念。既然从事了经营，就不要害怕各种经营课题接踵而来，而且问题越是困难，越是不能失去梦想与希望。

即使为各种经营上的问题所困扰，但能顶住压力，坚忍不拔，这样的经营者身上似乎透出了一种"悲壮感"。

因为我谈到了坚强的意志和"斗魂"，有人或许认为经营一定是苦差事，一定充满了"悲壮感"。

恰恰相反，正因为经营需要高昂的斗志和不屈的意志，所以经营者必须同时保持开朗的心态。一味紧张，有张无弛，长期经营是很难坚持的。

一方面是"埋头苦干"的决心，另一方面是"定能成功"的信念。以乐观的态度面对困难和逆境，乃是人生取得成功的法则，是经营者的生存智慧。

比如，生病时坚信自己定能康复，配合治疗、静心养病；比如，为资金周转而伤透脑筋，但只要坚信通过努力，总有解决的办法，于是就想方设法去解决。处于逆境中的当事人要做到如此洒脱，似乎很难，但即使难，也要有意强迫自己这么想，这么做。只要永不言弃，事态一定会出现转机。从更长的时间跨度来看，乐观向上，积极努力，必定有回报，因为自然界本来就是这样，这个世界本来就是如此。

我把上述的人生态度和工作态度称为"与宇宙意志相协调"，我向许多人讲述了这个真理。关爱之心、谦虚之心、感激之心、实事求是之心，抱着这样美好的心灵，又

以乐观的态度

面对困难和逆境，

乃是人生取得

成功的法则，

是经营者的

生存智慧。

付出不懈努力的人，一定会时来运转，一定会受到幸运的眷顾。我从灵魂深处坚信这一点，这已成为我不可动摇的信念。

中国的《易经》上说："积善之家，必有余庆，积不善之家，必有余殃。"

无论是人生还是经营，其成败取决于我们今后的行动。各位经营者，对于我所讲述的"经营十二条"，如果能够认真学习，切实实行，那么你们就会变成与自己过去完全不同的优秀的经营者。

经营者如果变了，紧接着你们公司的干部就会变，再接着员工就会变。如果是这样，那么只需要一年左右的时间，你们的公司一定会充满活力，变成一个优秀的、高收益的公司。

谨记经营三要诀

第 5 章

- 让员工信赖你、钦佩你，为你的人格魅力所倾倒
- 要仔细确认月度销售额和费用
- 让员工共有正确的哲学

▋ 专家导读

许多经营者不懂经营却经营着企业，所以每年都有大量的企业破产。经济危机一到，更是雪上加霜，倒闭的企业更多了。所谓懂经营，因为是针对中小企业而言，所以稻盛先生在这里只归结了 3 条要诀，或称"经营三要诀"。

第一条是经营者要有人格魅力。要做到这一点，首先要明确或者说要端正办企业的目的。没有一个员工是愿意为经营者个人的发财而拼命工作的。按稻盛先生的说法，办企业首先要"追求全体员工物质和精神两方面的幸福"。经营者处事公正，为企业、为员工率先垂范，勤奋工作，员工就会发自内心地信赖甚至尊敬经营者，就会心甘情愿地追随经营者并接受严格的管理。稻盛先生还经常通过情感酒会的形式，把企业的情况、经营者的想法及时与员工沟通，同时通过感情交流，燃起大家的斗志。

第二条是经营者要会算账，看得懂财务报表。在稻盛先生看来这也很简单，利润是销售额与成本之差，只要把销售额最大化，费用最小化就行。当然销售额和费用的各个项目都要尽可能细分，责任要具体落实到每个人身上。当第一条做好了，也就是说，当员工们理解了企业利益与自身利益一致时，他们就会在各自的岗位上想方设法去节约费用和扩大销售额。

第三条是哲学共有，是指让员工们有相同的判断是非、善恶的做人标准，并贯彻到每一个人、每一天、每一项工作中去，这在"经营为何需要哲学"一章中将有更详尽的阐述。

"经营三要诀"内容精炼，稻盛先生用通俗的语言讲述了深刻的道理，中小企业经营者可以一读就懂。如能实践这3条要诀，经营就能取得成功，经济危机也能最终被克服。

世上有许多经营者其实不懂经营，也没有掌握经营的要诀，却在经营着企业，有的人开始时似乎还可以，不久就陷入了困境甚至破产，这种情况非常普遍。每年有多少企业创建，大概就有多少企业倒闭，这说明不懂经营的经营者确实很多。在日本有许多家族企业，许多经营者都是继承父辈的企业的，然而他们自身并不理解经营的诀窍。

比如，最近听到的一件事就让我很吃惊，有一家名声不错的餐馆，在关西地区有六七家分店，生意兴隆，却突然破产了。为什么呢？可以肯定的是，这家餐馆的经营者不懂经营。

这家店的菜肴味道好，客人络绎不绝，看上去很繁荣，却陷入了破产危机。经营者虽然很努力，却不懂成本核算。出高价聘请了高级厨师，菜肴自然不错，经营却入不敷出。这位经营者这样说："其实我对数字一窍不通，所以请会计师做账，做损益表。会计师只是说这家店赚了，那家店亏了，对损益表上的数字真正意味着什么，我却并不理解。"

也就是说，这位经营者连损益表也看不懂，却从银行借来几亿日元，陆续开了六七家奢华的餐厅，银行的分行长也常来光顾。但关键是这位当家的经营者不懂数字，不会算账，却在掌舵经营。

像这样，虽然当上了经营者，却不懂经营的要诀以致企业破产的大有人在。针对这种情况，为了传授经营要诀，我才开始了"盛和塾"的活动。

让员工信赖你、钦佩你，为你的人格魅力所倾倒

无论是中小企业还是大企业，经营的第一要诀，就是让员工为你的人格魅力所吸引，信赖你、钦佩你，与你同甘共苦。与员工建立这样的人际关系乃是经营的第一要诀。

我给大家讲过多次，"京瓷"公司成立后的第三年，我以处理 11 名高中毕业的新员工去留问题为契机，确立了公司的经营理念："在追求全体员工物质与精神两方面幸福的同时，为人类和社会的进步与发展做出贡献。"

"奖金怎么发，工资怎么升？"这些新员工为此来进行集体交涉。我花三天三夜说服了他们，并由此明确了公司的目的，也就是企业的经营理念。这个理念的核心就是"追求全体员工物质与精神两方面的幸福"。办企业的首要目的，不是为股东，更不是为我个人，而是为员工。为了员工，我作为经营者正在拼命努力，希望员工们也能跟我一

起努力，这就是我作为经营者最基本的想法。

当时"京瓷"还是一个规模很小的企业，付不出足额的加班费，员工经常工作到深夜，这时就有人发牢骚，表示不满。这时我就明确地告诉他们："那你就去你喜欢的公司好了，我们公司刚成立，基础薄弱，为了营造员工能够长期安心工作生活的条件，大家都齐心协力拼命工作，你却只强调你个人的待遇，这样的人我们公司不需要，你干脆辞职算了。""社长，我愿与你同甘共苦。"我只与这样的员工，就是认同我的理念、被我的人格魅力所吸引的人共同奋斗。

越是中小企业，在社长与员工之间越要建立这样的人际关系："与社长一起干，我什么苦都能吃"，就是说要让员工崇拜社长。为了建立这样的人际关系，我提倡举办联络情感的酒会，但这并不是为了吃喝，并不是让大家认为只要讨好社长，每月就有一次大饱口福的酒会，举办酒会是为了传达社长的理念。通过这样的举动传达我的感情。

刚开始经营企业时，不要想得太难、太复杂，首先要让员工产生这样的想法："如果是为了社长，不要说吃苦，就是赴汤蹈火也在所不辞。"即使交给他有难度的工作，他也会毫不犹豫地说："社长，行！我干！"总之，与员工建立这样的关系，就是经营的第一要诀。

相反，在苹果箱里，只要有一只烂苹果，如果不及时拿走，整箱苹果都会烂掉。不能与公司同甘共苦的人，哪怕只有一位，也会影响整体。与这样的人就要促膝深谈，如果谈不拢，就应该分手。

也许有人会指责说："那么社长，你周围不就聚拢了一批拍马屁的小人了吗？"不对！"京瓷"创建之初，我既没有经营经验也没有经营知识，公司既没有充裕资金也没有高新技术，在一无所有的情况下，我们要生存发展，除了全体员工齐心协力，别无他法。这时候，我不能容忍出现不协调的声音。我就是这样经营我的公司的。

我再强调一遍，开始经营企业时，最重要的事情，就是造就一批与自己心心相印、同甘共苦的员工。而要做到这一点，经营者自己首先要敞开心胸，抑制私欲，要爱护员工。真正优秀企业的优秀经营者，连做钟点工的大嫂也会被他的人格魅力所倾倒。她们看到出工不出力的年轻员工就会说："你这样不行，得加油干"，使得那些年轻员工狼狈不堪。社长与员工心连心，企业内部就会充满活力，经营就能顺利展开。

开始经营企业时，
最重要的事情，
就是造就一批
与自己心心相印、
同甘共苦的员工。

要仔细确认月度销售额和费用

"盛和塾"里有许多会计师、税务师，他们帮助客户企业整理会计资料，同时发挥经营顾问的作用，另外还要把在"盛和塾"学到的哲学和经营要诀传授给客户，这是他们的工作，是他们的生意，也是为社会、为世人做贡献。

财务会计方面我在《稻盛和夫的实学》和《阿米巴经营》这两本书中做了详细的阐述，但光读书，有的地方还是不明白，所以要有会计师、税务师来教你如何看懂损益表。

损益表中有销售额一项，销售额要按品种列出，比如造酒业，就要列出烧酒的销售额是多少，葡萄酒的销售额是多少，酒肴的销售额是多少，也就是必须明确销售额的具体内容。

同时伴随着销售额的产生会发生费用，费用也要分项目列出，费用项目不能分得太粗，要尽量细分，每个月请会计师制作这样的损益表很重要。

参照月度损益表，我所提倡的"追求销售额最大化和经费最小化"的经营原则就可以实践。销售额比上月低了，就必须指出"那不行，销售人员必须加油，甚至经营者要到第一线，把销售额搞上去"。同时为了做到费用最小化，就要分析该削减哪些费用，对具体的费用项目就要一清二楚。比如材料费、电费等全部项目都要列出，说得更极端一点，甚至连交际费的内容也要详细列出。这个月这一项费用花得太多，下个月一定要减少。也就是说，对削减费用必须落实到具体行动上。

增加销售、减少费用，这不是社长一个人的工作，实际上社长也不可能每天都细看销售额和经费支出的情况。在现场每天进行核算，提高销售额、减少费用，应该是现场每个员工的责任。

当经营者发现"这个产品的销售额减少了"，就必须对负责这个产品销售的营业担当说："上月因为这个产品销售额下降了，所以没有利润，这个月你要加油，把订单增加两成！"

前面讲到，社长和员工如果心心相印，那么，在你这样指示他的时候，这位营业担当就会爽快地说："明白了，我一定加油，争取更多的订单！"同样，当制造费用高了，你就要对制造现场的人说："费用这么高可不行，要想方设法降下来。"到月底如果没降，你就要严厉批评他。员工受批评而不怨恨，不仅不怨恨，而且千方百计地削减费用。因此，如果员工与社长建立起这种"同心同德"的人际关系，事情就能办好。

首先是加强与员工的密切关系，然后就是解决会计方面的问题。中小企业财务体系并不太健全，但只要每月请会计师做好损益表就行。损益表一定要反映真实情况，必须附上票据，采购物品、资金的流动都必须附有相应的票据，就是我一贯强调的"一一对应原则"，把这些票据交给会计师，他就能制作出准确的损益表。

这里有一个速度问题。如果在月底结账，过一个月后才做出损益表，这样的会计师没有丝毫价值。月底结账，至多几天后就必须提交损益表，然后与员工一起确认损益表中的所有项目，展开详尽的讨论，"这里要这么办，那里要那么办"，员工与社长齐心协力，每个月都认真讨论，大家都为提高销售额、削减费用而不遗余力。

经营者不管多忙，不管有多少会议，在每个月初的两三天或一星期内，必须把上月的账目细细过目，然后与干部员工一起讨论、一起反省，如有问题，必须立即采取措施，马上解决。一个月只有4周，第一周过去了，在余下的3周内必须达到月度目标。所以月底结账，下月的第一周内必须把损益表做出来，然后对照损益表，确认哪里不足，哪里有问题，告诉相关员工，指示其立即改进。"这个品种要增加这么多销售额，这个项目必须削减这么多费用"，经营者必须做出非常具体的指示。

如果能够做到这种程度，与员工心心相印，而每一个月的经营数字又非常清楚，那么开头所讲的拥有六七家餐厅、看似繁荣，却陷入破产的情况就不会发生。

让员工共有正确的哲学

哲学就是思维方式，就是人判断事物的基准。我持这样的思维方式，所以就可以对照这种思维方式，判断这件事这么做才行，那么做才不行。思维方式就是人格，社长如果始终坚持正确的判断而不动摇，那么员工也会建立起同样的判断基准。正确的判断基准从何而来，就来自哲学，所以重要的是让员工共有正确的哲学。

在"盛和塾"成员的企业中，有举办京瓷哲学学习会的，大家一起学哲学，哲学成了每个人的判断基准，全公司的力量自然会汇集到同一个方向。

正确的判断基准

从何而来，

就来自哲学，

所以重要的是

让员工共有正确的

哲学。

全体员工都为经营者的人格魅力所倾倒，大家都持有相同的思维方式，要做到这一点，哲学共有至关重要。也就是说，让员工信赖你、钦佩你、为你的人格魅力所倾倒。员工与经营者志同道合、心意相通，劳资关系如同大家庭，企业就一定能够顺利发展。

上述3条，"让员工信赖你、钦佩你，为你的人格魅力所倾倒""要仔细确认月度销售额和费用"和"让员工共有正确的哲学"，只要依次按这3条去实践，经营一定能顺利展开。无论中小企业还是大企业，凭这3条就可以开展出色的经营。可以毫不夸张地说，经营要诀不外乎这3条。

我想，我传授的这一套经营方法，一方面有改革社会的意思，是为了帮助社会上中小企业的经营者，让他们懂得何谓经营，让他们了解怎样才能把公司办得兴旺发达；另一方面，在"盛和塾"塾长例会后举办的酒会上，我常听到这样的评价："如果我没进入'盛和塾'，就不会有企业今天的繁荣，参加'盛和塾'真好。"每当这时，我也感到很高兴。"我不懂经营的要诀，加入'盛和塾'才恍然大悟，从此全力以赴地投入工作，经营开始有了起色，企业走上了健康发展的轨道。"听到这些，我非常欣喜，我就想，如果世上有更多的经营者能够这样学习，该有多好。

为让马儿喝水而把马儿牵到河边，但是，马儿究竟渴不渴呢，就不得而知了，许多马儿，即使来到河水清凉可口的河边也不愿喝水。

正如前面提到的餐馆老板，他应该很渴了，却也不愿喝水。不懂成本核算，不懂怎么使用员工，或简单粗暴，或敬而远之，或只会施以小恩小惠，只会构建低水准的人际关系。不懂如何用人，看不懂财务报表，看不懂损益表，更谈不上什么哲学共有，却也在经营企业。

这 3 条经营要诀，经营者如能领悟，如能实践，经营就会变得很简单，最终一定会为企业、为人生带来丰硕的成果。

经营为什么需要哲学

- "京瓷"经营判断的基准，是"作为人，何谓正确"
- 人生·工作的结果 = 思维方式 × 热情 × 能力
- 日复一日、锲而不舍、一步一步地付出努力
- 不断钻研创新是发展事业最基本的手段
- 开展"玻璃般透明的经营"

▌专家导读

几个月来，金融风暴影响到实体经济，日本企业界一片风声鹤唳，连日本最有代表性的大企业也出现了巨额亏损并纷纷裁员。但稻盛先生的企业最近却公开宣布保障所有员工的就业，决不解雇一名员工，包括合同工、计时工。同时，2009 年 3 月底的年度决算，"京瓷"仍有 560 亿日元、"KDDI"有 4400 亿日元的巨额利润。

沧海横流方显出英雄本色。与稻盛先生的企业相比，其他企业的差距在哪里？我认为，与其说差在企业的经营战略上，不如说差在企业有无经营哲学和哲学水准的高低上。

在日本很少听说有"丰田哲学""索尼哲学"这一类说法。但在"京瓷"公司成立后不久，稻盛先生就把自己在经营实践中一点一滴的感悟记录下来，汇编成"京瓷哲学"（后被人称为"稻盛哲学"）的小册子，发给员工学习，并与员工一起在实践中贯彻，50 年来从不间断。

稻盛先生说，许多人认为"京瓷"之所以成功，是因为有先进的技术，是因为赶上了潮流。但我认为绝非如此，我认为原因在于"京瓷"具有正确的，而且明确的经营哲学，并且这种哲学为全体员工所共有。"

那么这种哲学是什么呢？稻盛先生有时用一句话来表示，有时又用一个方程式来表达，表达极深刻又极浅显。特别是稻盛先生的方程式，我认为同许多自然科学的方程式一样，应该成为人类共同的财富。

企业的成功，特别是获得长期持续的成功，需要正确的经营哲学。在克服历次严重的经济危机中，特别是在应对当前这场空前的金融危机中，稻盛先生的哲学已经发挥了并将继续发挥决定性的作用。

二战后的日本，仅用了短短 20 年的时间，就成了世界上为数不多的工业大国。但产业活动所引起的公害问题也开始浮现出来。许多日本企业只顾追求自身的利益，忽视自然环境，只顾追求企业利益的产业活动，使山清水秀的日本列岛变成了污滩。河川和大海被污染，连鱼虾都无法栖身，工厂周围的上空，被工业废气所笼罩。

公害问题一时成了威胁日本国民生存的社会问题，通过官民的共同努力，终于得到了有效的改善。

然而，片面追求自身利益的社会风气，不仅没有得到遏制，反而日益膨胀。国民渴望富裕的欲望永无止境，人们对先人"知足"的智慧不屑一顾，一味追逐个人的私利。结果，经营者和国民染上了不劳而获、少劳多获的庸俗习气，片面追求物质富裕的欲望导致了精神上的危机。

正是这样的世风才产生了 20 世纪 80 年代后期的"泡沫经济"。在这样的风潮中，不仅经营者，就连普通市民，也热衷于股票和房地产的投资，看着自己的资产不断膨胀而得意忘形，甚至有人还傲慢地说，日本人的资产足以买下整个美国国土。

这样的狂妄和贪婪不断蔓延，最后以经济界、政治家、官僚等相继贪污及丑闻等形式一举爆发了出来。

然而，泡沫经济不可能一直持续下去，理所当然地破灭了。结果，日本经济走向了另一个极端，陷入了通货紧缩，出现了二战后从未有过的萧条，至今仍未能完全恢复元气。

这正说明失控的资本主义陷入了泥潭，但是最初的资本主义，并不只是将人类的欲望作为动力的。

回顾历史可以发现，资本主义诞生于基督教社会，特别是伦理道德严格的新教社会。也就是说，初期资本主义的推进者们都是虔诚的新教徒。

著名的德国社会科学家马克斯·韦伯认为，他们贯彻基督所提倡的"邻人爱"，尊崇劳动，生活尽量俭朴，他们的基本信条是将产业活动所得的利润用于社会发展。

同时，企业必须以任何人看来都是正确的、光明正大的方法去追求利润，而其最终目的就是贡献于社会福利。就是说"为社会，为世人"，才是那些新教徒的、也就是初期资本主义的伦理规范。

企业必须以任何人
看来都是正确的、
光明正大的方法去
追求利润，
而其最终目的就是
贡献于社会福利。

在距今约 300 年以前，商业资本主义开始萌芽的江户时代中期，日本出现了一位名叫石田梅岩的思想家。

他认为："在商业活动中追求利润并不是罪恶，但行商必须正直，决不可欺诈，决不能有卑劣的行为。"他强调经商中伦理道德的重要性。另外，他还说，经商必须做到"人我双赢"。

就是说，在日本资本主义的萌芽期，"企业应该追求社会正义，企业人应具有高尚的伦理观"这个基本思想是相当普及的。

如此看来，无论是在欧美还是在日本，初期的资本主义被理解为是一个"为社会做好事的系统"。其推进者们力求通过经济活动来实现社会正义，为人类社会的进步和发展做出贡献。正因为有了这样的社会伦理观，所以资本主义经济才得到了飞速的发展。

然而，具有讽刺意味的是，曾经作为资本主义发展原动力的伦理观，随着资本主义经济的发展反而逐渐淡漠。不知从何时起，许多企业的经营目的和经营者的人生目标逐渐堕落到"只要对自己有利就行"的利己主义。制约人的内心的伦理规范的丧失，导致一度先进的资本主义社会趋向堕落。

尤其是日本，因为缺乏像欧美各国那样的基督教的社会背景，二战以后，人们一味追求经济上的富裕，而对道德、伦理以及社会正义的重视程度急剧下降。人们虽然获得了经济上的富裕，但是社会却偏离了资本主义的本意，陷入颓废。

资本主义的本意决不是只要为了赚钱就可以为所欲为。只有具备了严格的精神规范，资本主义才有可能正常地发挥它的功能，自由竞争的经济活动才能成立。

特别是经济界，作为推动资本社会发展的经营者本身，必须重新认识支撑社会发展的伦理道德这一层面的重要性，确立从任何人看来都普遍正确的经营哲学，并以此严格自律。

同时，通过倡导这种高尚的哲学，使正义、公平、公正的观念渗透到整个社会，在全体国民中提升"谦虚""关爱"等重要的意识。如果能做到这一点，那么，中国将会成为更加富裕、更加美好的国家，全体国民都能感受到切实的幸福。

这种哲学和思维方式对集体和组织的发展意义重大。这一点，我在自己的人生道路上有着深切的体验。

作为人，何谓正确

在 27 岁时，我创立了"京瓷"。当时的我那么年轻，自然没有经营的经验，同时因为是技术出身，所以对经济知识和企业会计更是一窍不通。然而，既然当了经营者，既然开展了事业，就必须对接踵而来的各种问题做出判断。

虽说是一个只有 28 名员工的小公司，但是"这件事怎么办""那件事如何处理"，许多事情都需要我的裁决。虽然没有经营知识和经验，但作为经营者，就必须对部下提出的各种问题做出判断。然而，应该以什么作为判断的基准，对此我感到非常苦恼。

当时，公司非常弱小，只要自己的判断出现一次失误，公司就有可能一蹶不振。一想到这里，我就因担心而连日夜不能寐。左思右想，烦恼之余，我得出了如下的结论。

因为自己对经营一无所知，所以就以"作为人，何谓正确"作为判断基准。

也就是说，我把作为人是正确的还是不正确的，是善还是恶，作为经营的判断基准。

正还是邪，善还是恶，这是最基本的道德规范。而且，从中引申出来的正义、公正、公平、勤奋、谦虚、正直、博爱等，这些都是从孩童时代起，父母、老师所教导我们的最朴实的伦理观。

如果用这些伦理规范作为判断事物的基准，我觉得自己能够理解，能够掌握。于是，我就以"作为人，何谓正确"作为判断基准，来处理"京瓷"经营中的各种问题。

现在回想起来，我深深地体会到，正是依靠这样一个最基本的伦理观和道德观来开展经营，"京瓷"才能获得现有的成功。

为什么呢？因为这种思想不是出于经营者的私利私欲，所以能够获得员工的共鸣，使员工们从内心理解并接受。创业之初，尽管公司规模很小，也不知道公司明天会怎样，即使在这种情况下，员工们也能够为了公司的发展自觉地、不遗余力地拼命工作。

而且，在公司发展壮大之后，依然如此。

无论是进军海外，还是涉足不同的行业领域，甚至是收购企业，"京瓷"都揭示了这种普遍正确的经营哲学，遍布全球的所有"京瓷"工厂和事务所的员工们都共有这种哲学，并在他们各自的工作岗位上实践了这种哲学。

很多人评论"京瓷"之所以成功，是因为"京瓷"有先进的技术，是因为"京瓷"赶上了潮流，但我认为绝非如此。我认为"京瓷"之所以成功，是因为"京瓷"经营判断的基准，不是"作为'京瓷'，何谓正确"，更不是"作为经营者的我个人，何谓正确"，而是"作为人，何谓正确"。因而它具备了普遍性，就能够与全体员工所共有。我认为，"京瓷"成功的原因就在这里，除此之外，没有别的原因。

人生·工作的结果 = 思维方式 × 热情 × 能力

为了便于理解这种"思维方式"或哲学是何等的重要，我想出了一个"人生方程式"。

人生·工作的结果 = 思维方式 × 热情 × 能力

我自己长期以来，就是根据这个方程式做事的，并且觉得只有用这个方程式，才能解释自己的人生和"京瓷"公司的发展。

人生·工作的结果

= 思维方式

× 热情

× 能力

我出生在一个普通的家庭，家境并不富裕。年轻的时候，初中和大学的入学考试，以及后来的就职考试都曾屡遭失败。

有没有一种办法，能够让像我这样屡遭挫折，并且只具备中等才智的人，也可以做出非凡的成绩呢？经过反复思考，最后得出的就是这个方程式。

该方程式表示人生的结果或者工作的成果，包含了"思维方式""热情"和"能力"3个要素，其中"能力"也许是先天性的，包括从父母那里得到的智力、运动神经以及健康等。

可以称为天赋的这个"能力"，每个人都不同，如果用分数来表示的话，可以计为从0到100分。

用"能力"乘以"热情"。这个"热情"也可以称为"努力"。"努力"也因人而异，从没有干劲、没有雄心、没有活力的懒汉，到对工作和人生充满燃烧般的热忱、拼命努力的模范，也可以从0到100来打分。

不过，这个"热情"与"能力"不同，它不是先天的，可以由自己的意志来决定的。因此，我总是持续地、最大限度地发挥"热情"这个要素，从创建"京瓷"开始一直到今天，始终坚持付出"不亚于任何人的努力"。

这个"不亚于任何人的努力"非常重要。很多人都认为自己已经尽力了，但在企业界，当竞争对手比我们更努力时，我们的努力就不奏效，我们就难免失败和衰退。所以普通程度的努力没有意义，必须付出"不亚于任何人的努力"，否则就无法在严酷的竞争中立足。

而且这种努力不是一时的，而必须是持续不断、永无止境的。周围人总劝我说"你这么干，总有一天会倒下"，但是我从创业以来，一直不分昼夜、全身心地投入工作。

如果拿马拉松作比喻，就好比把 42.195 公里的路程，按照短跑方式全力跑完一样。这样的事情谁都认为不可能，但我们"京瓷"却自始至终全速前进。尽管在陶瓷领域我们属于后起的企业，但在不知不觉中与那些有历史的、先行起跑的企业一样进入了我们的视野，并且一口气超越了它们。现在"京瓷"已经成长为全球首屈一指的精密陶瓷制造商。这就是"热情"，也就是"努力"所带来的成果。

最后，再谈一谈"思维方式"。我刚才也提到过，这个"思维方式"，是"人生·工作的方程式"中最重要的要素，它在很大程度上左右方程式的结果。

因为刚才说的"能力"和"热情"是从 0 到 100 分，而"思维方式"则从负 100 分到正 100 分，这之间有更大的幅度。

按照我的人生方程式，人生和工作的结果，取决于"能力""热情"以及"思维方式"三要素的乘积。所以，如果"思维方式"是负值，就会对人生和工作的结果产生相应的负面影响。

比如说，某人很健康、很聪明，能力可打"90 分"。但是，这个有 90 分能力的人过分自信而不肯努力，其"热情"只有 30 分。于是，90 分的能力乘上 30 分的热情，该人的分数将只有 2700 分。

另一个人认为"自己只略胜于普通人，能力只不过 60 分左右，但正因为没有突出的才能，所以必须拼命努力"，于是他激励自己发愤努力，其"热情"为 90 分。于是，60 乘上 90 则是 5400 分，这比前面的那位有能力的懒人的分数要高出一倍。

人生和工作的结果，
取决于"能力"
"热情"以及
"思维方式"
三要素的乘积。

然而，对于这个方程式最为重要的是，在那个乘积之上，还要再乘以从负 100 分到正 100 分的"思维方式"。

愤世嫉俗，怨天尤人，否定真挚的人生态度。这种人的"思维方式"是负值，他的能力越强，热情越高，其人生和工作的结果反而越糟糕。

那么，必须具备怎样的"思维方式"呢？前面已经谈了一些，在这里，再列举一些我认为正面的"思维方式"。

积极向上，具有建设性；善于与人共事，有协调性；性格开朗，对事物持肯定态度；充满善意；能同情他人，宽厚待人；诚实、正直；谦虚谨慎；勤奋努力；不自私，无贪欲；有感恩之心，懂得知足；能克制自己的欲望，等等。

正面的"思维方式"就是上述这些内容。那么，负面的"思维方式"又指哪些呢？就是与上述正面的"思维方式"相反的内容，在这里我也一并列举出来。

态度消极、否定，缺乏协调性；阴郁、充满恶意，心术不正，想陷害他人；不认真，爱撒谎，傲慢、懒惰；自私、贪心、爱发牢骚；憎恨他人、妒忌他人，等等，这些都是负面的"思维方式"。

自己的"思维方式"究竟是正面的还是负面的,其数值是高还是低,是左右方程式结果的关键。

我想出这个方程式以后,就经常展示给员工,向他们说明"'思维方式'是何等的重要,思维方式决定了人生和工作的结果"。同时,我也时刻鞭策自己,力求使方程式的数值最大化。

京瓷哲学

我就是这样,把"作为人,何谓正确"作为判断基准,"将正确的事情以正确的方式贯彻到底"。在这个基本思想的指引下,再把日常工作中一点一滴的感悟随时记录在笔记本上。

在不知不觉中,笔记本就写满了,我把其中的内容归纳为"京瓷哲学",将它作为自己的行为准则,同时作为企业哲学,努力让员工们共有。

脚踏实地,坚持不懈

拥有远大的理想和愿望固然重要,但即使制定了宏伟的目标,日常工作中仍然要做看似平凡简单的事情。因此,有时会感到烦恼，觉得"自己的理想与现实之间差距太大"。

但是，无论在哪个领域，要想取得卓越的成就，不可或缺的就是不断地改良和改善、进行基础性实验并收集数据、迈开双腿跑客户、接订单，等等，日复一日、锲而不舍、一步一步地付出努力。

人生亦是如此。在人生的旅途中，没有喷气式飞机可以载着你轻松地抵达目的地，只能像尺蠖虫一样，一步一步地不断前行。

但是我们还是会觉得自己描绘的目标离现实太远，"每天孜孜不倦，做这样琐碎的工作，什么时候才是尽头！这样做下去，梦想能成真吗？"我们常为此焦躁不安。

实际上我也常有这样的烦恼：想把公司经营得更出色，但现在的工作、眼前遇到的问题，必须一件一件来处理，每天重复平凡的工作，这样周而复始，公司能做大吗？

但是，企业经营不能靠经营者单枪匹马，必须与员工们共同努力。一个人能做的事很有限，要有许多志同道合的人团结一致、脚踏实地、持续努力，才能成就伟大的事业。我在实践中领悟到了这个道理。

在人生的旅途中，
没有喷气式飞机
可以载着你轻松地
抵达目的地，
只能像尺蠖虫一样，
一步一步地
不断前行。

为了让部下拥有与自己一致的想法，我利用各种场合与他们交流沟通，努力构建一个有共同思想、有统一方向的集体，将全员的力量集结起来，做好每一天的工作。正因为造就了这样一个共同奋斗的团队，才有了"京瓷"今天的成就。

钻研创新

为了使踏实的努力更有成效，我又想到了一种方法，那就是"钻研创新"。

钻研创新，听起来似乎很难。但是，明天胜过今天、后天胜过明天，不断地进行改良和改善，不是简单地重复相同的事情，而是今天用这种方法试试，明天用更有效的方法试试。即使是平凡简单的作业，只要不断地钻研创新，也会带来飞跃性的进步。

"京瓷"从零部件生产企业起步，如今已能制造手机和复印机等终端产品，在广泛的领域拥有尖端的技术。开发制造这些机械设备所需的多领域的技术，"京瓷"最初并不具备。即使在精密陶瓷方面，创业之初的"京瓷"也不具备高水平的技术。

即使是平凡

简单的作业，

只要不断地

钻研创新，

也会带来

飞跃性的进步。

从创业至今的半个世纪里，全体员工在各自的岗位上天天钻研创新、精益求精、日积月累，这样的努力才是现今的"京瓷"在广泛领域拥有尖端技术的源泉。

例如，"京瓷"在创业之初生产电视机显像管的绝缘材料——U 字型绝缘体，为松下电子工业公司供货。当时的松下从荷兰的飞利浦公司引进技术，开始生产显像管，其核心零件就使用我开发的 U 字型绝缘体。

因为显像管的电子枪要通过高压电流，所以具有高绝缘性能的 U 字型绝缘体就成了电视机的核心部件，这一产品也奠定了"京瓷"发展的基础。

但就在 U 字型绝缘体供不应求、赢利丰厚的时期，我已把目光转向了正在崛起的电子工业领域，开始了各种新产品的研发，其中还包括研发 U 字型绝缘体的替代产品。

实际上，在不久之后，U 字型绝缘体就被淘汰了，订单全部转向新开发出的替代产品。当时如果缺乏创新精神，不及时开发新产品，因赢利丰厚而满足于单品生产，"京瓷"可能在创业不久时就陷入进退维谷的困境。

我还继续追求陶瓷所具有的一切可能性，我相信"陶瓷的应用不会局限于电子工业领域”，所以积极探索新型陶瓷在其他产业的应用。

例如，陶瓷耐高温，其硬度仅次于钻石，不易磨损。那么在快速磨损的地方就适合使用。在一些地方一定有企业在寻找耐磨的零件，抱着这样的想法，我四处奔走。

当时纺织行业的尼龙化纤刚刚登场，尼龙非常坚韧，在织造过程中尼龙线高速穿行，与尼龙线接触部位的金属很快被磨损，金属零件不适用，这成为一个问题。

于是，我想如果用陶瓷零件取代金属，这个问题或许能够解决，于是着手开发。就这样，之后的纺织机械中采用了许多陶瓷零件。这次成功使我备受鼓舞，“有没有其他地方也可以用到陶瓷呢？”我更加积极地奔走探索。

终于，在开拓美国市场的时候，我遇上了晶体管，承接了用陶瓷来生产一种叫作“标头”的零部件业务。虽然需要很高的技术，但“京瓷”最终还是成功地开发出了这一产品，并一度包揽了全球晶体管标头的生产制造。

过后不久，晶体管又被集成电路（IC）所取代，而那时“京瓷”早已开发出了陶瓷IC封装。伴随着半导体行业的飞速发展，陶瓷 IC 封装使"京瓷"获得了飞跃性的发展。

对于这些技术的变迁，我并没有什么先见之明。只是不满足于现状，对任何事物都想钻研创新，敢于向新领域发起挑战，这才造就了今天的"京瓷"。不断地钻研创新、"不断从事创造性的工作"，这才是发展事业最基本的手段。

有人或许认为继续现在的工作没有发展的希望，因而想从事新的工作，但由于缺乏人才、技术和资金，又只能半途而废。但是这不对，只有在现在的工作中不断地钻研创新，彻底地追求新的可能性，才能取得卓越的发展。

决不能漫不经心地重复与昨天相同的作业，在每天的工作中时刻思考"这样做是否可行"，同时带着"为什么"的疑问，今天胜过昨天，明天胜过今天，持续不断地对工作进行改善与改良，最终一定能取得出色的成就。

不懈地、踏实地努力，加上每天钻研创新、持续改良改善。这个方法不仅能够提升技术实力，而且还能使中小零散型企业成长为大型企业。可以毫不夸张地说，这个方法是唯一有效的方法，我想"京瓷"的发展就证明了这个真理。

不断地钻研创新、
"不断从事
创造性的工作",
这才是
发展事业
最基本的手段。

玻璃般透明的经营

自"京瓷"创业以来，我一直注重"以心为本的经营"，为了建立与员工的信赖关系，经营必须"透明"。

也就是说，现在有多少订单，与计划相比落后多少；利润是多少，这些利润是如何使用的；现在公司的处境怎样，等等，这些问题不仅要向干部，而且要向基层员工公开，开展"玻璃般透明的经营"。

为此，根据公司所处的环境，领导者在思考什么、想达到何种目标，这些都要准确地传达给员工，这一点至关重要。公司的现状、遭遇到的问题、努力的方向等，要准确地传达给员工，以此统一员工的方向，凝聚员工的力量，那么就一定能够实现既定的目标，克服前进中的困难。

另外还有一点，开展"玻璃般透明的经营"，关键就是领导者必须以身作则，带头保持光明正大的工作作风，决不能允许经营高层挪用公款和用公款随意招待。如果发生了此类事情，那必然会招致员工的反感，道德的崩溃就像野火一样，转瞬间蔓延到整个组织，甚至动摇整个企业的根基。

道德的崩溃

就像野火一样，

转瞬间蔓延到

整个组织，

甚至动摇

整个企业的根基。

为了防止这些现象的发生，"京瓷哲学"里还有"光明正大地追求利润""贯彻公平竞争的精神""注重公私分明"等条文，这些都是企业经营中规定的原则。作为经营者，我严格遵守这些简洁的原则，而且努力让全体员工共同遵循。

如果没有这种哲学，情况会怎样呢？

如果经营者没有明确的哲学，企业只会片面追求利润的增加，在经营中只会片面追求合理性和效率。同时，企业内会逐渐酿成一种"只要赚钱就行"的坏风气，就会出现用不正当的手段去赚钱的员工和干部。

这种不正当的行为哪怕只有一丝一毫，但却听之任之的话，公司的道德将会很快地堕落。而在充满着堕落气氛的组织里，正直的人也会失去认真工作的积极性。公司的风气将遭到急剧地败坏，业绩也会随之恶化。

实际上，快速发展的企业瞬间破产的事例，在日本、在欧美、在中国，都是数不胜数的。

我相信"人之初，性本善"。但是，人又是很脆弱的，很容易败给自身的私欲，败给周围的环境，追求虚荣，不知不觉中若无其事地干起违背人道的勾当，这也是事实。

正因为如此，我反复强调，人在感觉迷惑的时候，需要一个判断的基准，就是哲学。特别对于雇用很多员工、肩负重任的经营者来说，必须抱有以高度伦理观为基础的经营哲学，在严格律己的同时，教育员工接受并共同实践这种哲学。

为使事业取得成功，为使组织正确地发挥职能，领导者自身所持有的"思维方式"最为重要。经营者以普遍正确的"思维方式"和高尚的经营哲学来经营企业，这一点在持续地拓展事业，保持企业繁荣的进程中，同样是最重要的。

"京瓷"之所以成功，是因为"京瓷"有一个明确的经营哲学，而且不仅仅停留在纸面上，包括我在内的所有员工都真挚地、一丝不苟地、不断地实践这种哲学。我确信这才是"京瓷"成功的原因。

然而，这些道理追根溯源，是自古以来从中国受到的教诲，是我们在与中国长期友好往来中学到的。

比如，中国古典中有"德胜才者，君子也。才胜德者，小人也"这样一句话，这是强调"德"的重要性的格言。"积善之家，必有余庆"是强调做善事的重要性的格言；"满招损，谦受益"是强调谦虚的重要性的格言，这类经典的格言不胜枚举。

正是这些格言昭示了作为人应该走的正道，是我们在日常生活中、在事业经营中，必须重视的道理。遵循这些道理，依据作为人的正确的"思维方式"行事，就能获得成功；反之，就不能成功，更谈不上取得长期持久的成功了。

然而，正如开头所言，这些重要的道理，现在的日本已经淡忘了。比如只获得小小的成功，就陶醉起来，失却了谦虚，变得傲慢不逊，得意忘形，为所欲为。其结果，就是丧失了好不容易得来的成功。这样的经营者层出不穷。

这种现象并不只在日本一个国家发生，而是富裕的发达国家共有的弊病。

希望企业家们，重新认识哲学和"思维方式"在企业经营过程中的重要性，在此基础上，最大限度地提升"热情"，持续地付出"不亚于任何人的努力"，同时，将自身具备的"能力"百分之百地发挥出来，这样就能把企业经营得有声有色。

这样做，不仅能够取得事业的成功，而且还能将成功长期保持下去，进而为地区的发展，乃至为世界经济的发展做出更大的贡献。

译者后记

不況下に飛躍するための大いなる知恵

为了出版《在萧条中飞跃的大智慧》及稻盛先生的其他有关著作，并邀请稻盛先生 2009 年 6 月来清华大学、北京大学讲演，11 月来"第 18 届官产学恳谈会"讲演，我于 4 月中旬专程去日本京都拜访了稻盛和夫先生。4 月 17 日上午稻盛先生亲自会见了我，并同我以及"京瓷"秘书室大田室长、鬼头女士、"盛和塾"诸桥事务局局长、池田先生一起，就稻盛先生著作在中国的翻译出版，以及来北京讲演、接受媒体采访、与中国企业家交流等事宜进行了详细的讨论，稻盛先生还同我共进了午餐。

稻盛先生今年已经 77 岁了，但依然精神矍铄、思维清晰，而且每天的工作日程都安排得很紧凑。在整个谈话过程中，稻盛先生的睿智和谦逊，举手投足间透出的气质，都再次给我留下了深刻的印象。

稻盛先生对热心出版他的著作、发表他的文章，并积极邀请他来北京讲演的人士表示感谢，并希望来京期间能拜访他们。

稻盛先生说，中国自古以来就有建立在"仁德"基础上的精神规范和伦理道德，这是最值得中国人自豪的东西。中国企业在经历了加入世界贸易组织和全球化的种种考验后，如果能把以"德治"为基础的经营理念发扬光大，那么中国企业必将引领全球经济的潮流。

稻盛先生是通过光明大道到达巨大成功的典范，是纯粹的理想主义和彻底的现实主义优美结合的典范，这样的典范古今中外举世罕见。

稻盛哲学中包含了许多中国古代文化的精华，为了回报中国，为了帮助中国企业家通过提升理念来拓展经营，为了中日世世代代友好，多年来稻盛先生一直想把他成功的经验和理念无偿地传授给中国的企业家。我感觉，稻盛先生身上有一种割不断的中国情结。只要有机会，他就乐意来中国参加中日企业经营哲学的研讨活动。他说，如果自己粗浅的经验能给中国的企业家带来启示，自己能为中国的经济发展助一臂之力，将是他有生之年无上的幸福。

用什么思想、哲学、价值观来经营企业，来度过人生，每个企业家都有选择的自由，但这种选择却决定了我们经营和人生的结果。比如，我们选择了利己主义的思想、哲学、价值观，无论什么事都只考虑对自己是否有利，甚至不惜损人利己，损公肥私，那么我们的经营和人生虽然可能取得一时的成功，但这种成功却很难长期持续。为了企业的持续发展，为了获得幸福的人生，我们就有必要认真学习、仔细选择优秀的思想、哲学、价值观，用它来指导我们的经营和人生。从这个意义上说，学习和研究稻盛先生的经营哲学和经营实践意义重大而且深远，而在应对充满经济危机的今天，这个问题显得尤为迫切。

受出版社的委托，我为本书写了六篇短文作为导读。稻盛先生审阅后居然大加赞赏，认为"每一篇都很精彩，曹先生真正理解了我的思想"。

我懂日语，有经营企业的经验，喜欢思考有关人生和经营的问题。有幸结识稻盛先生，并有机会通过翻译、写书、写博客以及成立研究会等形式向中国的企业家以及其他广大读者准确而及时地传递稻盛先生的思想哲学，我感到很荣幸，我将此看作自己的使命和天职。

在此谨向对本书做出贡献的编辑们，日本"京瓷"秘书室长大田嘉仁先生、鬼头今日子女士，日本"盛和塾"本部事务局局长诸桥贤二先生、池田成男先生以及审校者陈忠先生表示衷心的感谢。

曹岫云

2009 年 5 月